叢

部

浙江省古籍善本聯合目錄

主编

程小瀾
朱海閔
應長興

國家圖書館出版社

叢

部

主編　程小瀾
　　　朱海閔
　　　應長興

目　　錄

叢　　部

叢部

彙編叢書

叢 0001

百川學海一百七十四卷

宋左圭編

明弘治十四年（1501）華珵刻本

甲集

聖門事業圖一卷　宋李元綱撰

漁樵對問一卷　宋邵雍撰

學齋佔畢四卷　宋史繩祖撰

獨斷二卷　漢蔡邕撰

李涪刊誤二卷　唐李涪撰

九經補韻一卷　宋楊伯嵒撰

中華古今注三卷　後唐馬縞撰

釋常談三卷

乙集

隋遺錄二卷　唐顏師古撰

翰林志一卷　唐李肇撰

宋朝燕翼詒謀錄五卷　宋王栐撰

春明退朝錄三卷　宋宋敏求撰

淳熙玉堂雜紀三卷　宋周必大撰

揮麈錄二卷　題宋楊萬里撰

丁晉公談錄一卷

王文正公筆錄一卷　宋王曾撰

開天傳信記一卷　唐鄭棨撰

丙集

厚德錄四卷　宋李元綱撰

韓忠獻公遺事一卷　宋強至撰

文正王公遺事一卷　宋王素撰

濟南先生師友談記一卷　宋李廌撰

可談一卷　宋朱彧撰

河東先生龍城錄二卷　題唐柳宗元撰

前定錄一卷續前定錄一卷　唐鍾輅撰

國老談苑二卷　宋王君玉撰

晁氏客語一卷　宋晁說之撰

道山清話一卷　宋王暐撰

丁集

書簾緒論一卷　宋胡太初撰

官箴一卷　宋呂本中撰

袪疑說一卷　宋儲泳撰

因論一卷　唐劉禹錫撰

宋景文公筆記三卷　宋宋祁撰

鼠璞一卷　宋戴埴撰

善誘文一卷　宋陳錄撰

戊集

東坡先生志林集一卷　宋蘇軾撰

螢雪叢說二卷　宋俞成撰

蘇黃門龍川略志十卷　宋蘇轍撰

西疇老人常言一卷　宋何坦撰

欒城先生遺言一卷　宋蘇籀撰

東谷所見一卷　宋李之彥撰

雞肋一卷　宋趙崇絢撰

孫公談圃三卷　宋孫升述　宋劉延世錄

己集

王公四六話二卷　宋王銍撰

四六談麈一卷　宋謝伋撰

文房四友除授集一卷

耕祿藁一卷　宋胡錡撰

子略四卷目一卷　宋鄞縣高似孫撰

騷略三卷　宋鄞縣高似孫撰

獻醜集一卷　宋海鹽許棐撰

庚集

選詩句圖一卷　宋鄞縣高似孫撰

石林詩話三卷　宋烏程葉夢得撰

六一居士詩話一卷　宋歐陽修撰

東萊呂紫微詩話一卷　宋呂本中撰

珊瑚鈎詩話三卷　宋張表臣撰

劉攽貢父詩話一卷　宋劉攽撰

後山居士詩話一卷　題宋陳師道撰

許彥周詩話一卷　宋許顗撰

司馬溫公詩話一卷　宋司馬光撰

庚溪詩話二卷　宋陳巖肖撰

竹坡老人詩話三卷　宋周紫芝撰

辛集

法帖釋文十卷　宋劉次莊撰

海岳名言一卷　宋米芾撰

寶章待訪錄一卷　宋米芾撰

米元章書史一卷　宋米芾撰

書斷四卷　唐張懷瓘撰

續書譜一卷　宋姜夔撰

試筆一卷　宋歐陽修撰

書譜一卷　唐孫過庭撰

法帖刊誤二卷　宋黃伯思撰

高宗皇帝御製翰墨志一卷　宋高宗趙構
撰

法帖譜系二卷　宋曹士冕撰

壬集

端溪硯譜一卷

硯譜一卷

歙州硯譜一卷歙硯説一卷辨歙石説一卷

硯史一卷　宋米芾撰

古今刀劍錄一卷　梁陶弘景撰

香譜二卷　宋洪芻撰

茶經三卷　唐陸羽撰

煎茶水記一卷　唐張又新撰

茶錄一卷　宋蔡襄撰

東溪試茶錄一卷　宋宋子安撰

酒譜一卷　宋竇苹撰

本心齋疏食譜一卷　宋陳達叟撰

筍譜一卷　宋釋贊寧撰

菌譜一卷　宋陳仁玉撰

蟹譜二卷　宋傅肱撰

癸集

荔枝譜一卷　宋蔡襄撰

橘錄三卷　宋韓彥直撰

南方草木狀三卷　晉嵇含撰

竹譜一卷　晉戴凱之撰

菊譜一卷　宋劉蒙撰

菊譜一卷　宋范成大撰

菊譜一卷　宋史正志撰

梅譜一卷　宋范成大撰

洛陽牡丹記一卷　宋歐陽修撰

牡丹榮辱志一卷　宋丘璿撰

揚州芍藥譜一卷　宋王觀撰

海棠譜三卷　宋臨安陳思撰

師曠禽經一卷　題晉張華注

名山洞天福地記一卷　前蜀杜光庭撰

十二行二十字　左右雙邊　白口

19.2×14.5 釐米

浙圖 ＊　天一閣 ＊　浙大(有配抄)

叢 0002

百川學海一百七十九卷

宋左圭編

明弘治十四年(1501)華珵刻本　張鋆、
夏定域跋

存二十二卷

甲集

學齋佔畢四卷　宋史繩祖撰

壬集

香譜二卷　宋洪芻撰

茶經三卷　唐陸羽撰

煎茶水記一卷　唐張又新撰

茶錄一卷　宋蔡襄撰

東溪試茶錄一卷　宋宋子安撰

筍譜一卷　宋釋贊寧撰

菌譜一卷　宋陳仁玉撰

癸集

菊譜一卷　宋史正志撰

梅譜一卷　宋范成大撰

洛陽牡丹記一卷　宋歐陽修撰

牡丹榮辱志一卷　宋丘璿撰

揚州芍藥譜一卷　宋王觀撰

海棠譜三卷　宋臨安陳思撰

浙圖

叢 0003

百川學海一百四十三卷

宋左圭編　明□□重編

明末刻本

甲集

聖門事業圖一卷　宋李元綱撰

漁樵對問一卷　宋邵雍撰

大學石經一卷

論語筆解一卷　唐韓愈撰

李氏刊誤一卷　唐李涪撰

南方草木狀三卷　晉嵇含撰

竹譜一卷　晉戴凱之撰

筍譜二卷　宋釋贊寧撰

菌譜一卷　宋陳仁玉撰

蔬菜譜一卷　宋陳達叟撰

　壬集

梅譜一卷　宋范成大撰

梅品一卷　宋張鎡撰

洛陽牡丹記一卷　宋歐陽修撰

天彭牡丹譜一卷　宋山陰陸游撰

牡丹榮辱志一卷　宋丘璿撰

揚州芍藥譜一卷　宋王觀撰

海棠譜二卷　宋臨安陳思撰

菊譜一卷　宋劉蒙撰

石湖菊譜一卷　宋范成大撰

史老菊譜一卷　宋史正志撰

　癸集

蟹譜二卷　宋傅肱撰

禽經一卷　晉張華注

肉攫一卷　唐段成式撰

相鶴經一卷

相牛經一卷

耒耜經一卷　唐陸龜蒙撰

洛陽名園記一卷　宋李廌撰

岳陽風土記一卷　宋范致明撰

真臘風土記一卷　元周達觀撰

桂海虞衡志一卷　宋范成大撰

洞天福地記一卷　前蜀杜光庭撰

九行二十字　左右雙邊　白口

19.2×14.5 釐米

浙圖

叢 0004

説郛六十卷

明黃巖陶宗儀編

明抄本　黃巖王舟瑤校並跋

　卷一

玉澗雜書　宋烏程葉夢得撰

兼明書　唐丘光庭撰

野客叢書　宋王楙撰

　卷二

事始　唐劉存撰

　卷三

廣知

炙轂子　唐王叡撰

虜廷事實　宋文惟簡撰

緯略　宋鄞縣高似孫撰

　卷四

傳載　宋釋贊寧撰

雜纂　唐李商隱撰

雜纂　五代王君玉撰

雜纂　宋蘇軾撰

　卷五

藏一話腴　宋陳郁撰

常侍言旨　唐柳珵撰

鶴林玉露　宋羅大經撰

楚史檮杌

　卷六

畫鑒　元湯垕撰

　卷七

談選　宋如平時撰

溪蠻叢笑　宋朱輔撰

唐知

貴耳集　宋張端義撰

　卷八

巖下放言　宋葉少蘊撰

桃源手聽　宋陳賓撰

東坡手澤　宋蘇軾撰

雲溪友議　唐會稽范攄撰

　卷九

淡山雜識　宋趙□撰

臆乘　宋楊伯嵒撰

讀書愚見　宋鄭震撰

幽閒鼓吹　唐張固撰

天隱子　唐司馬承禎撰

　卷十

雲莊四六餘語　宋楊囷道撰

儒林公議　宋田況撰

三抑軒雜識

朝野僉載　唐張鷟撰

白獺髓　宋張仲文撰

　卷十一

佩楚軒客談　元戚輔之撰

石林燕語　宋烏程葉夢得撰

　卷十二

叢 0005

説郛一百卷

明黃巖陶宗儀編

明抄本

叢 0007

說郛一百二十弓

明黃巖陶宗儀編

明末刻清順治三年（1646）李際期宛委山
堂重編印本

彙編叢書

彙編叢書

彙編叢書

彙編叢書

采異記　宋陳達叟撰

乘異記　宋張君房撰

廣異記　唐戴孚撰

獨異志　唐李冗撰

甄異記　劉宋戴祚撰

徂異記　宋聶田撰

祥異記

近異錄　劉宋劉質撰

旌異記　隋侯白撰

冥祥記　晉王琰撰

集靈記

太清記　劉宋王韶之撰

妖化錄　宋宣靖撰

宣驗記　劉宋劉義慶撰

睽車志　宋郭彖撰

睽車志　元歐陽玄撰

鬼國記　宋洪邁撰

鬼國續記　宋洪邁撰

壠上記　唐蘇頲撰

物異考　宋浦江方鳳撰

弓一百十九

雲仙雜記　題唐馮贄撰

弓一百二十

清異錄　宋陶穀撰

九行二十字　左右雙邊　白口

19×14.3 釐米

浙圖　寧圖　天一閣

叢 0008

正説郛脱本□卷

清抄本

存二卷

卷一

孝經内事

負暄雜錄

北夢瑣言　唐孫光憲撰

大唐奇事　唐馬總撰

遼東志略　元戚輔之撰

豫章古今記　劉宋雷次宗撰

卷二

訓學齋規　宋朱熹撰

謝氏詩源

新豐酒法　宋林洪撰

耒耜經　唐陸龜蒙撰

白猿傳　唐□□撰

希夷先生傳　南宋龐覺撰

夢遊錄　唐任蕃撰

宣驗記

浙圖

叢 0009

説郛一百卷

明黃巖陶宗儀編　海寧張宗祥重編

稿本

卷一

經子法語　宋洪邁輯

卷二

古典錄略

三墳書

伏生尚書

尚書大傳

尚書璇機鈐

孝經援神契

孝經緯

禮含文嘉

詩含神霧

易飛候　漢京房撰

京房易傳　漢京房撰

五經通義　漢劉向撰

五經要義　漢劉向撰

春秋漢含

春秋考異

春秋説題

春秋繁露　漢董仲舒撰

春秋運斗樞

春秋元命苞

春秋感精圖符

春秋潛潭巴

春秋緯

春秋符

吳越春秋　漢山陰趙曄撰

晉春秋　晉庾翼撰

齊春秋　梁吳興吳均撰

彙編叢書

碧溪詩話　宋黃徹撰

蟹略　宋鄞縣高似孫撰

雲南志略　元李京撰

卷三十七

揮麈錄　宋王明清撰

揮麈餘話　宋王明清撰

河源志　元潘昂霄撰

倦游錄　宋張師正撰

野史　宋林子中撰

琴書類集　宋釋居月撰

摭青雜說　宋王明清撰

卷三十八

綠珠傳　宋樂史撰

梅妃傳　唐曹鄴撰

楊太真外傳　宋樂史撰

重編燕北錄　宋王易撰

異聞　宋何先撰

續骫骳說　宋朱弁撰

傳載　唐劉餗撰

卷三十九

侯鯖錄　宋趙令畤撰

陶朱新錄　宋馬純撰

真臘風土記　元周達觀撰

投轄錄　宋王明清撰

卷四十

友會談叢　宋上官融撰

南窗紀談　宋□□撰

三楚新錄　宋周羽翀撰

慎子　周慎到撰　□勝輔注

野說　宋邵思撰

先公談錄　宋李宗諤錄

卷四十一

宣室志　唐張讀撰

驂鸞錄　宋范成大撰

吳船錄　宋范成大撰

攬轡錄　宋范成大撰

曲洧舊聞　宋朱弁撰

後耳目志　宋龔豐撰

卷四十二

山水純全集　宋韓拙撰

春渚紀聞　宋何薳撰

春夢錄　元鄭禧撰

化書　五代譚峭撰

卷四十三

宣靖妖化錄　宋孔倜撰

炙轂子雜錄　唐王叡撰

陵陽先生室中語　宋范季隨撰

發明義理　宋呂希哲撰

酬酢事變

感知錄　宋山陰陸游撰

緒訓　宋山陰陸游撰

詩詞餘話　元俞焯撰

列仙傳　漢劉向撰

神仙傳　晉葛洪撰

續仙傳　南唐沈汾撰

集仙傳　宋曾慥撰

卷四十四

禮範　宋□□撰

靖康朝野僉言　宋□□撰

澗泉日記　宋韓淲撰

次柳氏舊聞　唐李德裕撰

稿簡贅筆　宋章淵撰

絕倒錄　宋朱暉撰

煬帝開河記　唐□□撰

括異志　宋張師正撰

酒經　宋朱肱撰

續北山酒經一篇　宋李保撰

卷四十五

錢氏私志　宋錢愐撰

默記　宋王銍撰

平陳記　宋□□撰

幸蜀記　唐宋居白撰

田閒書　宋林昉撰

蜀檮杌　宋張唐英撰

卷四十六

松窗雜錄　唐李濬撰

瑞桂堂暇錄　宋□□撰

墨子

子華子

曾子

尹文子

孔叢子　漢孔鮒撰

卷四十七

公孫龍子

鶡子　唐逢行珪注

鄧析子

彙編叢書

彙編叢書

曲艷品　明潘之恒撰

後艷品　明潘之恒撰

續艷品　明潘之恒撰

劇評　明潘之恒撰

弓四十五

艾子後語　明陸灼撰

雪濤小説　明江盈科撰

應諧錄　明劉元卿撰

笑禪錄　明潘游龍撰

談言　明江盈科撰

權子　明耿定向撰

雜纂三續　明黄允交撰

弓四十六

猥談　明祝允明撰

異林　明徐禎卿撰

語怪　明祝允明撰

幽怪錄　明錢塘田汝成撰

九行二十字　左右雙邊　白口

18.8×14.4 釐米

浙圖＊　天一閣

叢0011

續説郛脱本□卷

清抄本

書名據抄者題

存三卷

卷一

東朝紀　明王泌撰

朝鮮紀事　明倪謙撰

聞雁齋筆談　明張大復撰

鬱岡齋筆麈　明王肯堂撰

識小編　明周賓所撰

詢蒭錄　明鄞縣陳沂撰

蚳籩蛣筆　明楊慎撰

枕譚　明陳繼儒撰

卷二

雲南山川志　明楊慎撰

田家曆　明程羽文撰

水品　明徐獻忠撰

煮泉小品　明錢塘田藝蘅撰

文字飲　明鄞縣屠本畯撰

小酒令　明錢塘田藝蘅撰

野菜箋　明鄞縣屠本畯撰

卷三

虎苑　明王穉登撰

促織志　明袁宏道撰

周顛僊人傳　明太祖朱元璋撰

李公子傳　明陳繼儒撰

楊幽妍別傳　明陳繼儒撰

倉庚傳　明楊慎撰

蓮臺仙會品　明曹大章撰

浙圖

叢0012

續百川學海十集一百十七卷

清初據明末刻説郛版重編印本

甲集

令旨解二諦義一卷　梁蕭統撰

毛詩草木鳥獸蟲魚疏二卷　吳陸璣撰

古今考一卷　宋魏了翁撰

中華古今注二卷　後唐馬縞撰

小爾雅一卷　漢孔鮒撰

五色線一卷　宋□□撰

兩同書一卷　唐羅隱撰

希通錄一卷　宋蕭參撰

資暇錄一卷　唐李匡乂撰

蠡海錄一卷　明王逵撰

乙集

晉陽秋一卷　晉庾翼撰

蜀檮杌一卷　宋張唐英撰

趙后遺事一卷　宋秦醇撰

焚椒錄一卷　遼王鼎撰

元氏掖庭記一卷　明黄巖陶宗儀撰

鄴中記一卷　晉陸翽撰

北轅錄一卷　宋錢塘周煇撰

西使記一卷　元劉郁撰

三楚新錄一卷　宋周羽翀撰

丙集

明道雜志一卷　宋張耒撰

江南野錄一卷　宋龍褒撰　存目

東觀奏記三卷　唐裴庭裕撰

幽閑鼓吹一卷　唐張固撰

隋唐嘉話一卷　唐劉餗撰

南唐近事一卷　宋鄭文寶撰

開元天寶遺事一卷　　五代王仁裕撰

朝野僉載一卷　　唐張鷟撰

桂苑叢談一卷　　唐馮翊撰

丁集

樂郊私語一卷　　元姚桐壽撰

國老談苑二卷　　宋王銍撰

孫公談圃三卷　　宋孫升撰

螢雪叢説二卷　　宋俞子撰

道山清話一卷　　宋王暐撰

劉賓客嘉話錄一卷　　唐韋絢撰

隣幾雜誌一卷　　宋江休復撰

戊集

避暑漫抄一卷　　宋山陰陸游撰

深雪偶談一卷　　宋方嶽撰

桐陰舊話一卷　　宋韓元吉撰

養疴漫筆一卷　　宋趙溍撰

宣政雜錄一卷　　宋江萬里撰

遂昌雜錄一卷　　元鄭元祐撰

文昌雜錄一卷　　宋陳襄撰

聞見雜錄一卷　　宋蘇舜欽撰

行營雜錄一卷　　宋趙葵撰

江行雜錄一卷　　宋廖瑩中撰

碧湖雜記一卷　　宋謝枋得撰

鐵圍山叢談一卷　　宋蔡絛撰

南海古蹟記一卷　　元浦江吳萊撰

青溪寇軌一卷　　宋方勺撰

溪蠻叢笑一卷　　宋朱輔撰

北户錄一卷　　唐段公路撰

北里志一卷　　唐孫棨撰

己集

吳船錄一卷　　宋范成大撰

驂鸞錄一卷　　宋范成大撰

攬轡錄一卷　　宋范成大撰

入蜀記一卷　　宋山陰陸游撰

入越記一卷　　宋金華呂祖謙撰

吳地記一卷　　唐陸廣微撰

吳郡諸山錄一卷　　宋周必大撰

廬山後錄一卷　　宋周必大撰

九華山錄一卷　　宋周必大撰

金華游錄一卷　　宋浦江方鳳撰

庚集

臥遊錄一卷　　宋金華呂祖謙撰

啓顏錄一卷　　隋侯白撰

省心錄一卷　　宋林逋撰

厚德錄一卷　　宋李元綱撰

樂善錄一卷　　宋李昌齡撰

還冤記一卷　　北齊顏之推撰

博異志一卷　　唐鄭還古撰

集異記一卷　　唐薛用弱撰

辛集

歲華紀麗譜一卷　　元費著撰

家世舊聞一卷　　宋山陰陸游撰

教坊記一卷　　唐崔令欽撰

青樓集一卷　　元夏庭芝撰

小名錄一卷　　唐陸龜蒙撰

侍兒小名錄一卷　　題宋洪遂撰

麟書一卷　　宋汪若海撰

尤射一卷　　魏繆襲撰

煎茶水記一卷　　唐張又新撰

壬集

詩式一卷　　唐釋皎然撰

詩品三卷　　梁鍾嶸撰

二十四詩品一卷　　唐司空圖撰

書品一卷　　梁庾肩吾撰

書法一卷　　唐歐陽詢撰

筆陣圖一卷　　晉衛鑠撰

衍極一卷　　元鄭杓撰

續畫品錄一卷　　唐李嗣真撰

貞觀公私畫史一卷　　唐裴孝源撰

名畫記一卷　　唐張彥遠撰

畫梅譜一卷　　宋釋仲仁撰

畫竹譜一卷　　元李衎撰

墨竹譜一卷　　元管道昇撰

癸集

樂府雜錄一卷　　唐段安節撰

羯鼓錄一卷　　唐南卓撰

嘯旨一卷　　唐孫廣撰

風后握奇經一卷　　漢公孫弘解　　續圖一

　卷　八陳圖總述一卷　晉馬隆撰

女孝經一卷　　唐鄭□撰

墨經一卷　　宋晁貫之撰

丸經二卷　　元□□撰

棋經一卷　　宋張擬撰

五木經一卷　　唐李翺撰　唐元革注

鼎錄一卷　　梁虞荔撰

蜀錦譜一卷　　元費著撰

蜀牋譜一卷　元費著撰

九行二十字　左右雙邊　白口

19.3×14.3 釐米

浙圖

叢0013

廣百川學海十集一百六十卷

清初據明末刻説郛、説郛續版重編印本

存一百四十三卷

甲集

聖學範圍圖説一卷　明嘉興岳元聲撰

戊申立春考證一卷　明邢雲路撰

正朔考一卷　宋魏了翁撰

龍興慈記一卷　明海鹽王文禄撰

在田錄一卷　明張定撰

逐鹿記一卷　明義烏王禕撰

東朝紀一卷　明王泌撰

壃起雜事一卷　明楊儀撰

椒宮舊事一卷　明王達撰

造邦賢勳錄略一卷　明義烏王禕撰

掾曹名臣錄一卷　明王鴻儒撰

明良錄略一卷　明沈士謙撰

乙集

聖君初政記一卷　明沈文撰

致身錄一卷　明史仲彬撰

殉身錄一卷　明裘玉撰

備遺錄一卷　明張芹撰

平夏錄一卷　明黃標撰

復辟錄一卷　明楊瑄撰

使高麗錄一卷　宋徐兢撰

玉堂漫筆一卷　明陸深撰

金臺紀聞一卷　明陸深撰

制府雜錄一卷　明楊一清撰

杜陽雜編三卷　唐蘇鶚撰

丙集

剪勝野聞一卷　明徐禎卿撰

觚不觚錄一卷　明王世貞撰

谿山餘話一卷　明陸深撰

清暑筆談一卷　明陸樹聲撰

吳中故語一卷　明楊循吉撰

甲乙剩言一卷　明蘭溪胡應麟撰

三朝野史一卷　元浦江吳萊撰

熙朝樂事一卷　明錢塘田汝成撰

委巷叢談一卷　明錢塘田汝成撰

蜩笑偶言一卷　明鄭瑗撰

玉笑零音一卷　明錢塘田藝蘅撰

春雨雜述一卷　明解縉撰

病榻寤言一卷　明陸樹聲撰

褚氏遺書一卷　南齊褚澄撰

丁集

瀟湘錄一卷　唐李隱撰

清尊錄一卷　宋廉布撰

昨夢錄一卷　宋康譽之撰

就日錄一卷　題宋灌園耐得翁撰

已瘧編一卷　明劉玉撰

耳目記一卷　唐張鷟撰

括異志一卷　宋海鹽魯應龍撰

戊集

枕談一卷　明陳繼儒撰

猥談一卷　明祝允明撰

語怪一卷　明祝允明撰

異林一卷　明徐禎卿撰

群碎錄一卷　明陳繼儒撰

物異考一卷　宋浦江方鳳撰

真靈位業圖一卷　梁陶弘景撰

己集

空同子一卷　明李夢陽撰

冥廖子游一卷　明鄞縣屠隆撰

廣莊一卷　明袁宏道撰

貧士傳二卷　明黃姬水撰

長者言一卷　明陳繼儒撰

香案牘一卷　明陳繼儒撰

清言一卷　明鄞縣屠隆撰

續清言一卷　明鄞縣屠隆撰

歸有園塵談一卷　明徐學謨撰

偶譚一卷　明李鼎撰

木几冗談一卷　明彭汝讓撰

韋絃佩一卷　明鄞縣屠本畯撰

金石契一卷　明祝肇撰

庚集

考槃餘事十七卷　明鄞縣屠隆撰

書箋一卷

帖箋一卷

辨帖箋一卷

畫箋一卷

彙編叢書

紙箋一卷

筆箋一卷

墨箋一卷

研箋一卷

琴箋一卷

香箋一卷

文房器具箋一卷

起居器服箋一卷

游具箋一卷

山齋志一卷

茶箋一卷

盆玩品一卷

金魚品一卷

巖棲幽事一卷　明陳繼儒撰

友論一卷　意大利利瑪竇撰

農說一卷　明馬一龍撰

山棲志一卷　明吳興慎蒙撰

林水錄一卷　明彭年撰

吳社編一卷　明王穉登撰

客越志一卷　明王穉登撰

雨航記一卷　明王穉登撰

荊溪疏一卷　明王穉登撰

大嶽志一卷　明方升撰

辛集

蜀都雜抄一卷　明陸深撰

雙溪雜記一卷　明王瓊撰

泉南雜志一卷　明陳懋仁撰

武夷雜記一卷　明吳栻撰

海槎餘錄一卷　明顧岕撰

瀛涯勝覽一卷　明馬觀撰

滇載記一卷　明楊慎撰

閩部疏一卷　明王世懋撰

吳中勝記一卷　明華鑰撰

田家五行一卷　明婁元禮撰

明月編一卷　明王穉登撰

壬集

丹青志一卷　明王穉登撰

書畫史一卷　明陳繼儒撰

畫說一卷　明莫是龍撰

畫麈一卷　明沈顥撰

畫禪一卷　明釋蓮儒撰

竹派一卷　明釋蓮儒撰

詞旨一卷　元陸行直撰

曲豔品一卷　明潘之恒撰

後曲豔品一卷　明潘之恒撰

續曲豔品一卷　明潘之恒撰

樂府指迷一卷　宋臨安張炎撰

陽關三疊圖譜一卷　明錢塘田藝蘅撰

秋圃擷餘一卷　明王世懋撰

學古編一卷　元錢塘吾丘衍撰

古今印史一卷　明徐官撰

古奇器錄一卷　明陸深撰

硯譜一卷　明沈仕撰

癸集

弈律一卷　明山陰王思任撰

葉子譜一卷　明潘之恒撰

茶疏一卷　明許次紓撰

岕茶箋一卷　明馮可賓撰

觴政一卷　明袁宏道撰

瓶史一卷　明袁宏道撰

缾花譜一卷　明張丑撰

草花譜一巷　明錢塘高濂撰

藝菊一卷　明黃省曾撰

蘭譜一卷　明錢塘高濂撰

種樹書一卷　元俞宗本撰

學圃雜疏三卷　明王世懋撰

　花疏一卷

　果疏一卷

　瓜蔬疏一卷

野蔌品一卷　明錢塘高濂撰

稻品一卷　明黃省曾撰

蠶經一卷　明黃省曾撰

魚品一卷　明顧起元撰

獸經一卷　明黃省曾撰

虎苑二卷　明王穉登撰

九行二十字　左右雙邊　白口

19.3×14.3 釐米

浙圖＊　杭圖＊　天一閣＊

叢0014

唐宋叢書一百四十六卷

清初據明末刻說郛版重編經德堂印本

存一百三卷

　經翼

關氏易傳一卷　題北魏關朗撰
潛虛一卷　宋司馬光撰
詩小序一卷
論語筆解一卷　唐韓愈撰
毛詩草木鳥獸蟲魚疏二卷　吳陸璣撰
詩說一卷　題漢申培撰
鼠璞二卷　宋戴埴撰

別史

大唐創業起居注三卷　唐溫大雅撰
唐國史補一卷　唐李肇撰
大業雜記一卷　題劉宋劉義慶撰
東林蓮社十八高賢傳一卷
聞見近錄一卷　宋王鞏撰
春明退朝錄一卷　宋宋敏求撰
燕翼貽謀錄一卷　宋王栐撰
佛國記一卷　晉釋法顯撰
物類相感志一卷　宋蘇軾撰
南唐近事一卷　宋鄭文寶撰
畫墁錄一卷　宋張舜民撰

子餘

譚子化書六卷　五代譚峭撰
新書一卷　題蜀諸葛亮撰
枕中書一卷　題晉葛洪撰
宋景文公筆記一卷　宋宋祁撰
青箱雜記一卷　宋吳處厚撰
緗素雜記一卷　宋黃朝英撰
捫虱新話一卷　宋陳善撰
仇池筆記一卷　宋蘇軾撰
羅湖野錄一卷　宋釋曉瑩撰
林下偶譚一卷　宋吳子良撰
後山談叢一卷　宋陳師道撰
友會談叢一卷　宋上官融撰
續釋常談一卷　宋遂昌龔頤正撰
釋常談三卷
資暇錄一卷　唐李匡乂撰
楓窗小牘二卷　宋袁褧撰
研北雜志一卷　元陸友撰
石林燕語一卷　宋烏程葉夢得撰
愛日齋叢抄一卷
王氏談錄一卷　宋王洙撰

載籍

獨斷一卷　漢蔡邕撰
墨經一卷　宋晁貫之撰

佩觿三卷　宋郭忠恕撰
尤射一卷　魏繆襲撰
風后握奇經一卷　題漢公孫弘解
相貝經一卷
禽經一卷　題晉張華注
酒譜一卷　宋竇苹撰
茶經三卷　唐陸羽撰
香譜一卷　宋洪芻撰
筍譜二卷　宋釋贊寧撰
桐譜一卷　宋陳翥撰
雲林石譜三卷　宋山陰杜綰撰
畫鑒一卷　元湯垕撰
益州名畫錄三卷　宋黃休復撰
桂海巖洞志一卷　宋范成大撰
學古編一卷　元錢塘吾丘衍撰
洞天清錄一卷　宋趙希鵠撰
前定錄一卷　唐鍾輅撰
集異記一卷　唐薛用弱撰
博異志一卷　唐鄭還古撰
甘澤謠一卷　唐袁郊撰
揮麈錄一卷　宋王明清撰
搜神後記一卷　晉陶潛撰
芥隱筆記一卷　宋遂昌龔頤正撰
明道雜志一卷　宋張耒撰
雲仙雜記九卷　題唐馮贄撰
碧雞漫志一卷　宋王灼撰
玉照新志四卷　宋王明清撰
東觀奏記三卷　唐裴庭裕撰
新唐書糾謬一卷　宋吳縝撰

九行二十字　左右雙邊　白口

19×14.2 釐米

浙圖

叢 0015

唐宋叢書三百二十一卷

清初據明末刻說郛版重編印本

經翼

關氏易傳一卷　題北魏關朗撰
潛虛一卷　宋司馬光撰
詩小序一卷
孔子集語二卷　唐薛據輯
經外雜抄二卷　宋魏了翁撰

鶴山渠陽讀書雜鈔二卷　宋魏了翁撰

鼠璞二卷　宋戴埴撰

別史

大唐創業起居注三卷　唐溫大雅撰

唐國史補三卷　唐李肇撰

歲華紀麗四卷　題唐韓鄂撰

東京夢華錄十卷　宋孟元老撰　明陶士龍校

大業雜記一卷　題劉宋劉義慶撰

東林蓮社十八高賢傳一卷　晉□□撰

聞見近錄一卷　宋王鞏撰

春明退朝錄三卷　宋宋敏求撰

燕翼貽謀錄五卷　宋王栐撰

佛國記一卷　晉釋法顯撰

吳地記一卷　唐陸廣微撰

夷俗考一卷　宋浦江方鳳撰

南唐書三十卷　宋馬令撰

南唐近事三卷　宋鄭文寶撰

武林舊事六卷　宋周密撰

子餘

譚子化書六卷　五代譚峭撰

新書一卷　題蜀諸葛亮撰

枕中書一卷　題晉葛洪撰

道德指歸論六卷　題漢嚴遵撰

談苑四卷　宋孔平仲撰

孔氏雜説四卷　宋孔平仲撰

靖康緗素雜記十卷　宋黃朝英撰

捫虱新話四卷　宋陳善撰

羅湖野錄一卷　宋釋曉瑩撰

林下偶談四卷　宋吳子良撰

後山談叢四卷　宋陳師道撰

演繁露一卷　宋程大昌撰

補筆談二卷　宋錢塘沈括撰

野客叢談十二卷　宋王楙撰

野老記聞一卷　宋王楙撰

楓窗小牘二卷　宋袁褧撰

研北雜志二卷　元陸友撰

石林四筆四卷　宋烏程葉夢得撰

　巖下放言一卷

　玉澗雜著一卷

　避暑錄話一卷

　石林燕語一卷

隣幾雜誌一卷　宋江休復撰

王氏談錄一卷　宋王洙撰

載籍

山海經圖贊三卷　晉郭璞撰

周髀算經二卷　題漢趙爽注

陳眉公訂正文則二卷　宋陳騤撰

詩式五卷　唐釋皎然撰

墨藪十卷　唐韋續撰並輯

　五十六種書法一卷　唐韋續撰

　九品書一卷　唐韋續撰

　書品優劣一卷　唐韋續撰

　續書品一卷　唐韋續撰

　書評一卷　梁袁昂撰

　書評一卷　梁武帝蕭衍撰

　筆陣圖一卷　晉衛鑠撰

　筆髓論一卷　唐餘姚虞世南撰

　四體筆勢一卷　晉衛恆撰

　筆勢論略一卷　晉會稽王羲之撰

佩觿三卷　宋郭忠恕撰

籟紀一卷　陳陳叔齊撰

尤射一卷　魏繆襲撰

風后握奇經一卷　題漢公孫弘解

相貝經一卷

禽經一卷　題晉張華注

酒譜一卷　宋寶苹撰

茶經三卷　唐陸羽撰

香譜一卷　宋洪芻撰

筍譜二卷　宋釋贊寧撰

桐譜一卷　宋陳翥撰

續竹譜一卷　元劉美之撰

雲林石譜三卷　宋山陰杜綰撰

宣和畫譜二十卷

畫鑒一卷　元湯垕撰

貞觀公私畫史一卷　唐裴孝源撰

益州名畫錄三卷　宋黃休復撰

桂海虞衡志十三卷　宋范成大撰

　桂海巖洞志一卷

　桂海金石志一卷

　桂海香志一卷

　桂海酒志一酒

　桂海器志一卷

　桂海禽志一卷

　桂海獸志一卷

　桂海蟲魚志一卷

桂海花志一卷

桂海果志一卷

桂海草木志一卷

桂海雜志一卷

桂海蠻志一卷

學古編一卷　元錢塘吾丘衍撰

洞天清錄一卷　宋趙希鵠撰

　洞天游錄

　洞天帖錄

　洞天琴錄

　洞天畫錄

　洞天墨錄

　洞天紙錄

　洞天書錄

　洞天研錄

　洞天筆錄

　洞天香錄

世範三卷　宋袁采撰

異苑十卷　劉宋劉敬叔撰

異林四卷　宋李兼輯

　集異志一卷　唐陸勳撰

　括異志一卷　宋海鹽魯應龍撰

　旌異記一卷　隋侯白撰

　物異考一卷　明浦江方鳳撰

還冤記一卷　北齊顏之推撰

前定錄一卷　唐鍾輅撰

集異記一卷　唐薛用弱撰

博異志一卷　唐鄭還古撰

甘澤謠一卷　唐袁郊撰

周氏冥通記四卷　梁陶弘景撰

夢游錄一卷　唐任蕃撰

本事詩一卷　唐孟棨撰

揮塵錄二卷　宋王明清撰

因話錄三卷　唐趙璘撰

清異錄四卷　宋陶穀撰

搜神後記十卷　晉陶潛撰

續博物志十卷　題宋李石撰

明道雜志一卷續志一卷　宋張耒撰

雲仙雜記十卷　題唐馮贄撰

碧鷄漫志一卷　宋王灼撰

玉照新志六卷　宋王明清撰

東觀奏記三卷　唐裴庭裕撰

井觀瑣言三卷　明鄭瑗撰

雲烟過眼錄二卷　宋周密撰

九行二十字　左右雙邊　白口

19×14.2釐米

溫圖　天一閣＊　玉海樓＊

叢0016

五朝小説□□□卷

　清初據明末刻清順治三年（1646）李際期
　　宛委山堂重編說郛、說郛續版再重編
　　袠青閣印本

存四百六十五卷

　魏晉小説

　　傳奇家

　　　穆天子傳一卷

　　　西王母傳一卷　漢桓驎撰

　　　東方朔傳一卷　漢郭憲撰

　　　漢武帝内傳一卷　漢班固撰

　　　趙飛燕外傳一卷　漢伶玄撰

　　　薛靈芸傳一卷　前秦王嘉撰

　　　吳女紫玉傳一卷　漢山陰趙曄撰

　　　天上玉女記一卷　晉賈善翔撰

　　　秦女賣枕記一卷　晉海鹽干寶撰

　　　蘇娥訴冤記一卷　晉海鹽干寶撰

　　　泰山生令記一卷　晉司馬彪撰

　　　泰嶽府君記一卷　晉庾翼撰

　　　度朔君別傳一卷　晉海鹽干寶撰

　　　山陽死友傳一卷　晉蔣濟撰

　　　縻生瘞邙記一卷　前秦王嘉撰

　　　東越祭蛇記一卷　晉海鹽干寶撰

　　　楚王鑄劍記一卷　漢山陰趙曄撰

　　　古墓斑狐記一卷　晉郭頒撰

　　　太古蠶馬記一卷　吳張儼撰

　　　烏衣鬼軍記一卷　晉李胐撰

　　　夏侯鬼語記一卷　晉孔曄撰

　　志怪家

　　　續齊諧記一卷　梁吳興吳均撰

　　　還冤記一卷　北齊顏之推撰

　　　冥通記一卷　梁陶弘景撰

　　　搜神記一卷　晉海鹽干寶撰

　　　搜神後記一卷　晉陶潛撰

　　　幽明錄一卷　劉宋劉義慶撰

　　　續幽明錄一卷　唐劉孝標撰

別國洞冥記一卷　漢郭憲撰

述異記一卷　梁任昉撰

宣驗記一卷

古鏡記一卷　隋王度撰

異苑一卷　劉宋劉敬叔撰

偏錄家

大業雜記一卷　劉宋劉義慶撰

西京雜記一卷　漢劉歆撰

漢雜事秘辛一卷

星經一卷　漢甘公、石申攦

東宮舊事一卷　晉張敞撰

鄴中記一卷　晉陸翽撰

雜傳家

群輔錄一卷　晉陶潛撰

真靈位業圖一卷　梁陶弘景撰

列仙傳一卷　漢劉向撰

神仙傳一卷　晉葛洪撰

神僧傳一卷　晉釋法顯撰

列女傳一卷　晉皇甫謐撰

麻姑傳一卷　晉葛洪撰

丁新婦傳一卷　晉殷基撰

襄陽耆舊傳一卷　劉宋習鑿齒撰

益都耆舊傳一卷　晉陳壽撰

汝南先賢傳一卷　晉周斐撰

楚國先賢傳一卷　晉張方撰

會稽先賢傳一卷　吳謝承撰

零陵先賢傳一卷　晉司馬彪撰

東林蓮社十八高賢傳一卷

外乘家

豫章古今記一卷　劉宋雷次宗撰

西州後賢志一卷　晉常璩撰

漢中士女志一卷　晉常璩撰

梓潼士女志一卷　晉常璩撰

風土記一卷　晉周處撰

宜都記一卷　晉袁崧撰

湘中記一卷　晉羅含撰

荊州記一卷　劉宋盛弘之撰

南越志一卷　劉宋吳興沈懷遠撰

廣州記一卷　晉顧微撰

水衡記一卷

海內十洲記一卷　漢東方朔撰

拾遺名山記一卷　前秦王嘉撰

洛陽伽藍記一卷　後魏楊衒之撰

佛國記一卷　晉釋法顯撰

梁京寺記一卷

雜志家

袖中記一卷　梁武康沈約撰

輶軒絕代語一卷　漢揚雄撰

荊楚歲時記一卷　梁宗懍撰

南方草木狀三卷　晉嵇含撰

刀劍錄一卷　梁陶弘景撰

神異經一卷　漢東方朔撰

金樓子一卷　梁元帝蕭繹撰

訓誡家

顏氏家訓一卷　北齊顏之推撰

褚氏遺書一卷　南齊褚澄撰

齊民要術一卷　後魏賈思勰撰

探春歷記一卷　漢東方朔撰

登涉符錄一卷　晉葛洪撰

三輔決錄一卷　晉趙岐撰

三國典略一卷　晉魚豢撰

魏晉世語一卷　晉郭頒撰

陸機要覽一卷　晉陸機撰

裴啓語林一卷　晉裴啓撰

品藻家

詩譜一卷　元陳繹曾撰

詩品一卷　梁鍾嶸撰

書品一卷　梁庾肩吾撰

四體書勢一卷　晉衛恒撰

書評一卷　梁武帝蕭衍撰

法書苑一卷　宋周越撰

古畫品錄一卷　南齊謝赫撰

後畫品錄一卷　陳吳興姚最撰

筆經一卷　晉會稽王羲之撰

藝術家

風后握奇經一卷　漢公孫弘撰

相貝經一卷　漢朱仲撰

相手板經一卷

相兒經一卷　晉嚴助撰

相鶴經一卷　劉宋浮丘公撰

相牛經一卷　齊寧戚撰

禽經一卷　晉張華撰

龜經一卷

夢書一卷

鼎錄一卷　梁虞荔撰

尤射一卷　魏繆襲撰

儒棋格一卷　魏□肇撰

紀載家

　籬紀一卷　陳陳叔齊撰

　竹譜一卷　晉戴凱之撰

　水經一卷　漢桑欽撰

唐百家小説

偏錄家

　尚書故實一卷　唐李綽撰

　次柳氏舊聞一卷　唐李德裕撰

　松窗雜記一卷　唐杜荀鶴撰

　金鑾密記一卷　唐韓渥撰

　龍城錄一卷　唐柳宗元撰

　小説舊聞記一卷　唐柳公權撰

　卓異記一卷　唐李翱撰

　摭異記一卷　唐李濬撰

　朝野僉載一卷　唐張鷟撰

　中朝故事一卷　南唐尉遲偓撰

　南楚新聞一卷　唐尉遲樞撰

　金華子雜編一卷　唐劉崇遠撰

　杜陽雜編三卷　唐蘇鶚撰

　幽閑鼓吹一卷　唐張固撰

　劉賓客嘉話錄一卷　唐韋絢撰

　隋唐嘉話一卷　唐劉餗撰

　桂苑叢談一卷　唐馮翊撰

　周秦行紀一卷　唐牛僧孺撰

　三夢記一卷　唐白行簡撰

　廣陵妖亂志一卷　唐鄭廷誨撰

　常侍言旨一卷　唐柳珵撰

　夢遊錄一卷　唐任蕃撰

　迷樓記一卷

　集異記一卷　唐薛用弱撰

　博異記一卷　唐鄭還古撰

　海山記一卷

　幽怪錄一卷　唐王惲撰

　續幽怪錄一卷　唐李復言撰

　耳目記一卷　唐張鷟撰

　瀟湘錄一卷　唐李隱撰

　前定錄一卷　唐鍾輅撰

　開元天寶遺事一卷　唐王仁裕撰

　明皇十七事一卷　唐李德裕撰

　楊太真外傳一卷　宋樂史撰

　長恨歌傳一卷　唐陳鴻撰

　梅妃傳一卷　唐曹鄴撰

李林甫外傳一卷

東城老父傳一卷　唐陳鴻祖撰

高力士傳一卷　唐郭湜撰

鄴侯外傳一卷　唐李繁撰

開河記一卷

劍俠傳一卷

瑣記家

　洛中九老會一卷　唐白居易撰

　黑心符一卷　唐于義方撰

　大藏治病藥一卷　唐釋靈澈撰

　平泉山居草木記一卷　唐李德裕撰

　嶺表錄異記一卷　唐劉恂撰

　來南錄一卷　唐李翱撰

　北户錄一卷　唐段公路撰

　吳地記一卷　唐陸廣微撰

　南部烟花記一卷　唐馮贄撰

　粧樓記一卷　南唐張泌撰

　教坊記一卷　唐崔令欽撰

　北里志一卷　唐孫棨撰

　本事詩一卷　唐孟棨撰

　終南十志一卷　唐盧鴻撰

　洞天福地記一卷　前蜀杜光庭撰

　比紅兒詩一卷　唐羅虬撰

　義山雜纂一卷　唐李商隱撰

　嘯旨一卷　唐孫廣撰

　茶經一卷　唐陸羽撰

　十六湯品一卷　唐蘇廙撰

　煎茶水記一卷　唐張又新撰

　醉鄉日月一卷　唐皇甫松撰

　食譜一卷　唐韋巨源撰

　花九錫一卷　唐羅虬撰

　二十四詩品一卷　唐司空圖撰

　書法一卷　唐歐陽詢撰

　畫學秘訣一卷　唐王維撰

　續畫品錄一卷　唐李嗣真撰

　申宗傳一卷　唐孫頠撰

　小名錄一卷　唐陸龜蒙撰

　記錦裾一卷　唐陸龜蒙撰

　耒耜經一卷　唐陸龜蒙撰

　五木經一卷　唐李翱撰

　樂府雜錄一卷　唐段安節撰

　羯鼓錄一卷　唐南卓撰

　摭言一卷

衛公故物記一卷　唐韋端符撰

藥譜一卷　唐侯寧極撰

諧噱錄一卷　唐劉納言撰

肉攫部一卷　唐段成式撰

金剛經鳩異一卷　唐段成式撰

會真記一卷　唐元稹撰

記事珠一卷　唐馮贄撰

志怪錄一卷　唐陸勳撰

聞奇錄一卷　南唐于逖撰

靈應錄一卷　唐傅亮撰

傳奇家

妙女傳一卷　唐顧非熊撰

稽神錄一卷

揚州夢記一卷　唐于鄴撰

杜秋傳一卷　唐杜牧撰

龍女傳一卷　唐薛瑩撰

柳毅傳一卷　唐李朝威撰

蔣子文傳一卷　唐羅鄴撰

杜子春傳一卷　唐鄭還古撰

奇男子傳一卷　唐許棠撰

虬髯客傳一卷　唐張說撰

劉無雙傳一卷　唐薛調撰

霍小玉傳一卷　唐蔣防撰

墨崑崙傳一卷　南唐馮延巳撰

牛應貞傳一卷　唐宋若昭撰

紅綫傳一卷　唐楊巨源撰

章臺柳傳一卷　唐許堯佐撰

宋百家小說

偏錄家

錢氏私誌一卷　宋錢愐撰

家王故事一卷　宋錢惟演撰

家世舊事一卷　宋程頤撰

玉堂逢辰錄一卷　宋錢惟演撰

洛中紀異錄一卷　宋秦再思撰

熙豐日曆一卷　宋王明清撰

上壽拜舞記一卷　宋陳世崇撰

侍宴記一卷

高宗幸張府節次略一卷　宋周密撰

澠水燕談錄一卷　宋王闢之撰

括異志一卷　宋海鹽魯應龍撰

紹熙行禮記一卷　宋周密撰

御寨行程一卷　宋趙彥衛撰

茅亭客話一卷　宋黃休復撰

幙府燕閑錄一卷　宋畢仲詢撰

從駕記一卷　宋陳世崇撰

東巡記一卷　宋趙彥衛撰

睽車志一卷　宋歐陽玄撰

異聞記一卷　宋何先撰

白獺髓一卷　宋張仲文撰

清夜錄一卷　宋括蒼俞文豹撰

梁溪漫志一卷　宋費袞撰

暘谷漫錄一卷　宋洪巽撰

春渚紀聞一卷　宋何薳撰

曲洧舊聞一卷　宋朱弁撰

摭青雜說一卷　宋王明清撰

玉壺清話一卷　宋釋文瑩撰

儒林公議一卷　宋田況撰

友會談叢一卷　宋上官融撰

閒燕常談一卷　宋董弅撰

桯史一卷　宋岳珂撰

默記一卷　宋王銍撰

談藪一卷　宋龐元英撰

鐵圍山叢談一卷　宋蔡絛撰

談淵一卷　宋王陶撰

話腴一卷　宋陳郁撰

貴耳錄一卷　宋張端義撰

東軒筆錄一卷　宋魏泰撰

陶朱新錄一卷　宋馬純撰

東皋雜錄一卷　宋孫宗鑑撰

行都紀事一卷　宋陳晦撰

彭蠡小龍記一卷　宋王惲撰

虛谷閒抄一卷　元方回撰

蓼花洲閑錄一卷　宋高文虎撰

傳載略一卷　宋釋贊寧撰

該聞錄一卷　宋李畋撰

洞微志一卷　宋錢希白撰

芝田錄一卷　唐丁用晦撰

噫嚱集一卷　元宋無撰

吹劍錄一卷　宋括蒼俞文豹撰

碧雲騢一卷　宋梅堯臣撰

投轄錄一卷　宋王明清撰

忘懷錄一卷　宋錢塘沈括撰

對雨編一卷　宋洪邁撰

軒渠錄一卷　宋呂本中撰

中山狼傳一卷　宋謝良撰

清尊錄一卷　宋廉宣撰

昨夢錄一卷　宋康譽之撰

拊掌錄一卷　宋元懷撰

調謔編一卷　宋蘇軾撰

艾子雜説一卷　宋蘇軾撰

仇池筆記一卷　宋蘇軾撰

睽車志一卷　宋郭彖撰

玉澗襍書一卷　宋烏程葉夢得撰

石林燕語一卷　宋烏程葉夢得撰

巖下放言一卷　宋烏程葉夢得撰

避暑錄話一卷　宋烏程葉夢得撰

避暑漫抄一卷　宋山陰陸游撰

席上腐談一卷　宋俞琰撰

遊宦紀聞一卷　宋張世南撰

悦生隨抄一卷　宋天台賈似道撰

嬾真子錄一卷　宋馬永卿撰

豹隱紀談一卷　宋周遵道撰

東谷所見一卷　宋李之彦撰

讀書隅見一卷

齊東埜語一卷　宋周密撰

野人閑話一卷　宋景煥撰

西溪叢語一卷　宋姚寬撰

植杖閑談一卷　宋錢康功撰

道山清話一卷　宋王暐撰

深雪偶談一卷　宋寧海方岳撰

船窗夜話一卷　宋顧文薦撰

葦航紀談一卷　宋蔣津撰

雲谷雜記一卷　宋張淏撰

東齋紀事一卷　宋許觀撰

澹山雜識一卷　宋錢功撰

楊文公談苑一卷　宋楊億撰　宋黃鑑
　錄

老學庵筆記一卷　宋山陰陸游撰

三柳軒雜識一卷　宋陳栐撰

鷄肋編一卷　宋莊綽撰

泊宅編一卷　宋方勺撰

暇日記一卷　宋劉跂撰

隱窟雜志一卷　宋溫革撰

韋居聽輿一卷　宋陳直撰

鷄林類事一卷　宋孫穆撰

坦齋通編一卷　宋邢凱撰

臆乘一卷　宋楊伯嵒撰

鷄肋一卷　宋趙崇絢撰

鑑戒錄一卷　後蜀何光遠撰

釋常談三卷

續釋常談一卷　宋遂昌龔頤正撰

瑣紀家

乾道庚寅奏事錄一卷　宋周必大撰

艮嶽記一卷　宋張淏撰

登西臺慟哭記一卷　宋謝翺撰

于役志一卷　宋歐陽修撰

侍兒小名錄一卷　宋王銍撰

侍兒小名錄一卷　宋溫豫撰

侍兒小名錄一卷　宋張邦幾撰

思陵書畫記一卷　宋周密撰

六朝事迹一卷　宋張敦頤撰

錢塘瑣記一卷　宋于肇撰

古杭夢遊錄一卷　宋耐得翁撰

汴都平康記一卷　宋張邦基撰

侍兒小名錄一卷　宋洪遂撰

琴曲譜錄一卷　宋釋居月撰

本朝茶法一卷　宋錢塘沈括撰

宣和北苑貢茶錄一卷　宋熊蕃撰

北苑別錄一卷

品茶要錄一卷　宋黃儒撰

茶錄一卷　宋蔡襄撰

酒名記一卷　宋張能臣撰

蔬食譜一卷　宋陳達叟撰

惠民藥局記一卷　宋錢塘沈括撰

花經一卷　宋張翊撰

禪本草一卷　宋釋慧日禪師撰

耕祿藁一卷　宋胡錡撰

水族加恩簿一卷　宋毛勝撰

感應經一卷　宋陳櫟撰

土牛經一卷　宋向孟撰

物類相感志一卷　宋蘇軾撰

雜纂續一卷　宋王君玉撰

雜纂二續一卷　宋蘇軾撰

傳奇家

遊仙夢記一卷　宋蘇轍撰

龍壽丹記一卷　宋蔡襄撰

鬼國記一卷　宋洪邁撰

鬼國續記一卷　宋洪邁撰

海外怪洋記一卷　宋洪芻撰

閩海蠱毒記一卷　宋楊胐撰

福州猴王神記一卷　宋洪邁撰

鳴鶴山記一卷　宋洪邁撰

韓奉議鸚歌傳一卷　宋何薳撰

明百家小説

皇明盛事一卷　明王世貞撰

菽園雜記一卷　明陸容撰

客座新聞一卷　明沈周撰

枝山前聞一卷　明祝允明撰

莘野纂聞一卷　明伍餘福撰

駒陰冗記一卷　明闕莊撰

中洲野錄一卷　明程文憲撰

長安客話一卷　明蔣一葵撰

古穰雜錄一卷　明李賢撰

後渠漫記一卷　明崔銑撰

懸笥瑣探一卷　明劉昌撰

南翁夢錄一卷　明黎澄撰

碧里雜存一卷　明海鹽董穀撰

田居乙記一卷　明方大鎮撰

西樵野記一卷　明侯甸撰

二酉委譚一卷　明王世懋撰

三餘贅筆一卷　明都卬撰

聽雨紀譚一卷　明都穆撰

劉氏雜志一卷　明劉定之撰

推蓬寤語一卷　明李豫亨撰

寒檠膚見一卷　明毛元仁撰

書肆説鈴一卷　明西安葉秉敬撰

語窺古今一卷　明洪文科撰

新知錄一卷　明劉仕義撰

識小編一卷　明周賓所撰

庚巳編一卷　明陸燦撰

續巳編一卷　明仁和郎瑛撰

涉異志一卷　明閔文振撰

蘇談一卷　明楊循吉撰

意見一卷　明陳于陛撰

遇恩錄一卷　明劉仲景撰

天順日錄一卷　明李賢撰

今言一卷　明海鹽鄭曉撰

彭公筆記一卷　明彭時撰

琅琊漫抄一卷　明文林撰

震澤紀聞一卷　明王鏊撰

震澤長語一卷　明王鏊撰

病逸漫記一卷　明鄞縣陸釴撰

高坡異纂一卷　明楊儀撰

豫章漫抄一卷　明陸深撰

篷軒別記一卷　明楊循吉撰

篷窗續錄一卷　明馮時可撰

青巖叢錄一卷　明義烏王褘撰

閩中今古錄一卷　明黃溥言撰

春風堂隨筆一卷　明陸深撰

檐曝偶譚一卷　明顧元慶撰

雨航雜錄一卷　明馮時可撰

農田餘話一卷　明真逸撰

水南翰記一卷　明李如一撰

量采清課一卷　明費元祿撰

吳風錄一卷　明黃省會撰

篷櫳夜話一卷　明嘉興李日華撰

寶櫝記一卷　明滑惟善撰

脚氣集一卷　明車清臣撰

續志林一卷　明義烏王褘撰

寓圃雜記一卷　明王錡撰

青溪暇筆一卷　明姚福撰

近峰聞略一卷　明皇甫錄撰

近峰記略一卷　明皇甫錄撰

蒯勝野聞一卷　明徐禎卿撰

清暑筆談一卷　明陸樹聲撰

甲乙剩言一卷　明蘭溪胡應麟撰

觚不觚錄一卷　明王世貞撰

谿山餘話一卷　明陸深撰

吳中故語一卷　明楊循吉撰

百可漫志一卷　明陳蕭撰

見聞紀訓一卷　明安吉陳良謨撰

先進遺風一卷　明耿定向撰

擁絮迂談一卷　明朱鷺撰

遼邸記聞一卷　明錢希言撰

女俠傳一卷　明鄒之麟撰

西征記一卷　明戴延之撰

醫間漫記一卷　明賀欽撰

義虎傳一卷　明祝允明撰

琉球使略一卷　明陳侃撰

雲中事記一卷　明蘇祐撰

南巡日錄一卷　明陸深撰

朝鮮紀事一卷　明倪謙撰

平定交南錄一卷　明丘濬撰

雲林遺事一卷　明顧元慶撰

國朝新編一卷　明顧璘撰

仰山脞錄一卷　明閔文振撰

新倩籍一卷　明徐禎卿撰

吳中往哲記一卷　明楊循吉撰

綠雪亭雜言一卷　明敖英撰

雲夢藥溪談一卷　明文翔鳳撰

蒹葭堂雜抄一卷　明陸楫撰

快雪堂漫錄一卷　明秀水馮夢禎撰

天爵堂筆餘一卷　明鄞縣薛岡撰

遒徇編一卷　明西安葉秉敬撰

雪濤談叢一卷　明江盈科撰

委巷叢談一卷　明錢塘田汝成撰

前定錄補一卷　明朱佐撰

譚輅一卷　明張鳳翼撰

戲瑕一卷　明錢希言撰

語怪一卷　明祝允明撰

異林一卷　明徐禎卿撰

西州合譜一卷　明張鴻磐撰

海味索隱一卷　明鄞縣屠本畯撰

笑禪錄一卷　明潘游龍撰

雜纂三續一卷　明黃允交撰

洞簫記一卷　明陸燦撰

廣寒殿記一卷　明宣宗朱瞻基撰

周顛僊人傳一卷　明太祖朱元璋撰

李公子傳一卷　明陳繼儒撰

九行二十字　左右雙邊　白口

19.3×14.3釐米

浙圖＊　溫圖＊

叢0017

五朝小說□□□卷

清初據明末刻清順治三年（1646）李際期
宛委山堂重編説郛、説郛續版再重編
印本

存四百八卷

　魏晉小說

　　傳奇家

　　　穆天子傳一卷

　　　西王母傳一卷　漢桓驎撰

　　　東方朔傳一卷　漢郭憲撰

　　　漢武帝內傳一卷　漢班固撰

　　　趙飛燕外傳一卷　漢伶玄撰

　　　薛靈芸傳一卷　晉王嘉撰

　　　吳女紫玉傳一卷　漢山陰趙曄撰

　　　天上玉女記一卷　晉賈善翔撰

　　　蘇娥訴冤記一卷　晉海鹽干寶撰

　　　泰山生令記一卷　晉司馬彪撰

　　　度朔君別傳一卷　晉海鹽干寶撰

　　　山陽死友傳一卷　晉蔣濟撰

　　　糜生癭邨記一卷　前秦王嘉撰

　　　東越祭蛇記一卷　晉海鹽干寶撰

　　　楚王鑄劍記一卷　漢山陰趙曄撰

　　　古墓斑狐記一卷　晉郭頒撰

　　　太古蠶馬記一卷　吳張儼撰

　　　烏衣鬼軍記一卷　晉李朏撰

　　　夏侯鬼語記一卷　晉孔曄撰

　　志怪家

　　　續齊諧記一卷　梁吳興吳均撰

　　　還冤記一卷　北齊顏之推撰

　　　冥通記一卷　梁陶弘景撰

　　　搜神記一卷　晉海鹽干寶撰

　　　搜神後記一卷　晉陶潛撰

　　　幽明錄一卷　劉宋劉義慶撰

　　　續幽明錄一卷　唐劉孝孫撰

　　　別國洞冥記一卷　漢郭憲撰

　　　述異記一卷　梁任昉撰

　　　宣驗記一卷

　　　古鏡記一卷　隋王度撰

　　　異苑一卷　劉宋劉敬叔撰

　　偏錄家

　　　大業雜記一卷　劉宋劉義慶撰

　　　西京雜記一卷　漢劉歆撰

　　　漢雜事秘辛一卷

　　　虞喜志林　晉餘姚虞喜撰

　　　東宮舊事一卷　晉張敞撰

　　　鄴中記一卷　晉陸翽撰

　　雜傳家

　　　群輔錄一卷　晉陶潛撰

　　　真靈位業圖一卷　梁陶弘景撰

　　　列仙傳一卷　漢劉向撰

　　　神仙傳一卷　晉葛洪撰

　　　神僧傳一卷　晉釋法顯撰

　　　列女傳一卷　晉皇甫謐撰

　　　麻姑傳一卷　晉葛洪撰

　　　丁新婦傳一卷　晉殷基撰

　　　襄陽耆舊傳一卷　晉習鑿齒撰

　　　益都耆舊傳一卷　晉陳壽撰

　　　汝南先賢傳一卷　晉周斐撰

　　　楚國先賢傳一卷　晉張方撰

會稽先賢傳一卷　吳謝承撰

零陵先賢傳一卷　晉司馬彪撰

東林蓮社十八高賢傳一卷

外乘家

豫章古今記一卷　劉宋雷次宗撰

西州後賢志一卷　晉常璩撰

漢中士女志一卷　晉常璩撰

梓潼士女志一卷　晉常璩撰

風土記一卷　晉周處撰

宜都記一卷　晉袁崧撰

湘中記一卷　晉羅含撰

荊州記一卷　劉宋盛弘之撰

南越志一卷　劉宋吳興沈懷遠撰

廣州記一卷　晉顧微撰

水衡記一卷

海內十洲記一卷　漢東方朔撰

拾遺名山記一卷　前秦王嘉撰

洛陽伽藍記一卷　後魏楊衒之撰

佛國記一卷　晉釋法顯撰

梁京寺記一卷

三齊略記一卷　晉伏琛撰

雜志家

袖中記一卷　梁武康沈約撰

輶軒絕代語一卷　漢揚雄撰

荊楚歲時記一卷　晉宗懍撰

南方草木狀三卷　晉嵇含撰

刀劍錄一卷　梁陶弘景撰

神異經一卷　漢東方朔撰

金樓子一卷　梁元帝蕭繹撰

訓誡家

顏氏家訓一卷　北齊顏之推撰

褚氏遺書一卷　南齊褚澄撰

齊民要術一卷　後魏賈思勰撰

探春歷記一卷　漢東方朔撰

登涉符錄一卷　晉葛洪撰

三輔決錄一卷　晉趙岐撰

三國典略一卷　晉魚豢撰

魏晉世語一卷　晉郭頒撰

陸機要覽一卷　晉陸機撰

裴啟語林一卷　晉裴啟撰

品藻家

詩譜一卷　元陳繹曾撰

詩品一卷　梁鍾嶸撰

書品一卷　梁庾肩吾撰

四體書勢一卷　晉衛恒撰

書評一卷　梁武帝蕭衍撰

法書苑一卷　宋周越撰

古畫品錄一卷　南齊謝赫撰

後畫品錄一卷　陳吳興姚最撰

筆經一卷　晉會稽王羲之撰

藝術家

風后握奇經一卷　漢公孫弘撰

相貝經一卷　漢朱仲撰

相手板經一卷

相兒經一卷　晉嚴助撰

相鶴經一卷　劉宋浮丘公撰

相牛經一卷　題周寧戚撰

禽經一卷　晉張華撰

龜經一卷

夢書一卷

鼎錄一卷　梁虞荔撰

尤射一卷　魏繆襲撰

儒棋格一卷　魏□肇撰

紀載家

籟紀一卷　陳陳叔齊撰

竹譜一卷　晉戴凱之撰

月令問答一卷　漢蔡邕撰

唐百家小説

偏錄家

尚書故實一卷　唐李綽撰

次柳氏舊聞一卷　唐李德裕撰

松窗雜記一卷　唐杜荀鶴撰

金鑾密記一卷　唐韓偓撰

龍城錄一卷　唐柳宗元撰

小説舊聞記一卷　唐柳公權撰

卓異記一卷　唐李翱撰

摭異記一卷　唐李濬撰

朝野僉載一卷　唐張鷟撰

中朝故事一卷　南唐尉遲偓撰

南楚新聞一卷　唐尉遲樞撰

金華子雜編一卷　南唐劉崇遠撰

商芸小説　梁殷芸撰

杜陽雜編二卷　唐蘇鶚撰

劉賓客嘉話錄一卷　唐韋絢撰

隋唐嘉話一卷

幽閑鼓吹一卷　唐張固撰

樹萱錄　唐劉壽撰

葆化錄　唐陳京撰

桂苑叢談一卷　唐馮翊撰

周秦行紀一卷　唐牛僧孺撰

三夢記一卷　唐白行簡撰

廣陵妖亂志一卷　唐鄭廷誨撰

常侍言旨一卷　唐柳珵撰

夢遊錄一卷　唐任蕃撰

迷樓記一卷　唐韓偓撰

集異記一卷　唐薛用弱撰

博異記一卷　唐鄭還古撰

海山記一卷

幽怪錄一卷　唐王惲撰

續幽怪錄一卷　唐李復言撰

耳目記一卷　唐張鷟撰

瀟湘錄一卷　唐李隱撰

前定錄一卷　唐鍾輅撰

開元天寶遺事一卷　五代王仁裕撰

明皇十七事一卷　唐李德裕撰

楊太真外傳一卷　宋樂史撰

長恨歌傳一卷　唐陳鴻撰

梅妃傳一卷　唐曹鄴撰

李林甫外傳一卷

東城老父傳一卷　唐陳鴻撰

高力士傳一卷　唐郭湜撰

鄴侯外傳一卷　唐李繁撰

開河記一卷　唐韓偓撰

劍俠傳一卷　唐段成式撰

瑣記家

洛中九老會一卷　唐白居易撰

黑心符一卷　唐于義方撰

大藏治病藥一卷　唐釋靈澈撰

平泉山居草木記一卷　唐李德裕撰

嶺表錄異記一卷　唐劉恂撰

來南錄一卷　唐李翱撰

北戶錄一卷　唐段公路撰

吳地記一卷　南唐陸廣微撰

南部烟花記一卷　唐馮贄撰

粧樓記一卷　唐張泌撰

教坊記一卷　唐崔令欽撰

北里志一卷　唐孫棨撰

本事詩一卷　唐孟棨撰

終南十志一卷　唐盧鴻撰

洞天福地記一卷　前蜀杜光庭撰

比紅兒詩一卷　唐羅虬撰

義山雜纂一卷　唐李商隱撰

嘯旨一卷　唐孫廣撰

茶經一卷　唐陸羽撰

十六湯品一卷　唐蘇廙撰

煎茶水記一卷　唐張又新撰

醉鄉日月一卷　唐皇甫松撰

食譜一卷　唐韋巨源撰

花九錫一卷　唐羅虬撰

二十四詩品一卷　唐司空圖撰

書法一卷　唐歐陽詢撰

畫學秘訣一卷　唐王維撰

續畫品錄一卷　唐李嗣真撰

申宗傳一卷　唐孫頠撰

小名錄一卷　唐陸龜蒙撰

耒耜經一卷　唐陸龜蒙撰

五木經一卷　唐李翱撰

錦裙記一卷　唐陸龜蒙撰

樂府雜錄一卷　唐段安節撰

羯鼓錄一卷　唐南卓撰

摭言一卷

衛公故物記一卷　唐韋端符撰

藥譜一卷　唐侯寧極撰

諧噱錄一卷　唐劉訥言撰

肉攫部一卷　唐段成式撰

金剛經鳩異一卷　唐段成式撰

會真記一卷　唐元稹撰

記事珠一卷　唐馮贄撰

志怪錄一卷　唐陸勳撰

聞奇錄一卷　五代于逖撰

靈應錄一卷　唐傅亮撰

傳奇家

妙女傳一卷　唐顧非熊撰

稽神錄一卷　宋徐鉉撰

揚州夢記一卷　唐于鄴撰

杜秋傳一卷　唐杜牧撰

龍女傳一卷　唐薛瑩撰

柳毅傳一卷　唐李朝威撰

蔣子文傳一卷　唐羅鄴撰

杜子春傳一卷　唐鄭還古撰

奇男子傳一卷　唐許棠撰

虬髯客傳一卷　唐張說撰

劉無雙傳一卷　唐薛調撰

霍小玉傳一卷　唐蔣防撰

墨崑崙傳一卷　南唐馮延巳撰

牛應貞傳一卷　唐宋若昭撰

紅綫傳一卷　唐楊巨源撰

宋百家小説

偏錄家

高宗華張府節次略一卷　宋周密撰

從駕記一卷　宋陳世崇撰

東巡記一卷　宋趙彥衛撰

涑水記聞一卷　宋司馬光撰

異聞記一卷　宋何先撰

白獺髓一卷　宋張仲文撰

清夜錄一卷　宋括蒼俞文豹撰

梁溪漫志一卷　唐費袞撰

暘谷謾錄一卷　宋洪巽撰

春渚紀聞一卷　宋何薳撰

曲洧舊聞一卷　宋朱弁撰

摭青雜説一卷　宋王明清撰

玉壺清話一卷　宋釋文瑩撰

儒林公議一卷　宋田況撰

友會談叢一卷　宋上官融撰

閑燕常談一卷　宋董弅撰

桯史一卷　宋岳珂撰

默記一卷　宋王銍撰

話腴一卷　宋陳郁撰

聞見雜錄一卷　宋蘇舜欽撰

東軒筆錄一卷　宋魏泰撰

陶朱新錄一卷　宋馬純撰

倦游雜錄一卷　宋張師正撰

東泉雜錄一卷　唐孫宗鑑撰

行都紀事一卷　宋陳晦撰

彭蠡小龍記一卷　元王惲撰

虛谷閒抄一卷　元方回撰

蓼花洲閒錄一卷　宋高文虎撰

傳載略一卷　宋釋贊寧撰

該聞錄一卷　宋李畋撰

洞微志一卷　宋錢易撰

芝田錄一卷　唐丁用晦撰

嘽嘽集一卷　元宋無撰

吹劍錄一卷　宋括蒼俞文豹撰

碧雲騢一卷　宋梅堯臣撰

投轄錄一卷　宋王明清撰

玉澗雜書一卷　宋烏程葉夢得撰

石林燕語一卷　宋烏程葉夢得撰

巖下放言一卷　宋烏程葉夢得撰

避暑錄話一卷　宋烏程葉夢得撰

避暑漫抄一卷　宋山陰陸游撰

席上腐談一卷　元俞琰撰

游宦紀聞一卷　宋張世南撰

悅生隨抄一卷　宋天台賈似道撰

嬾真子錄一卷　宋馬永卿撰

豹隱紀談一卷　宋馬遵道撰

東谷所見一卷　宋李之彥撰

讀書隅見一卷　宋鄭震撰

齊東埜語一卷　宋周密撰

野人閑話一卷　宋景煥撰

西溪藂語一卷　宋嵊縣姚寬撰

植杖閑談一卷　宋錢康功撰

道山清話一卷　宋王暐撰

深雪偶談一卷　宋寧海方岳撰

船窗夜話一卷　宋顧文薦撰

葦航紀談一卷　宋蔣津撰

雲谷雜識一卷　宋張淏撰

東齋記事一卷　宋許觀撰

澹山雜識一卷　宋錢功撰

楊文公談苑一卷　宋楊億撰　宋黃鑑錄

老學庵筆記一卷　宋山陰陸游撰

三柳軒雜識一卷　宋程棨撰

鷄肋編一卷　宋莊綽撰

泊宅編一卷　宋方勺撰

暇日記一卷　宋劉跂撰

隱窟雜志一卷　宋溫革撰

葦居聽輿一卷　宋陳直撰

鷄林類事一卷　宋孫穆撰

坦齋通編一卷　宋邢凱撰

瑣記家

宣和北苑貢茶錄一卷　宋熊蕃撰

北苑別錄一卷　宋趙汝礪撰

品茶要錄一卷　宋黃儒撰

茶錄一卷　宋蔡襄撰

酒名記一卷　宋張能臣撰

蔬食譜一卷　宋陳達叟撰

花經一卷　宋張翊撰

禪本草一卷　宋釋慧日撰

耕祿藁一卷　宋胡錡撰

水族加恩簿一卷　宋毛勝撰

感應經一卷　元陳櫟撰

土牛經一卷　宋向孟撰

物類相感志一卷　宋蘇軾撰

雜纂續一卷　宋王君玉撰

雜纂二續一卷　宋蘇軾撰

傳奇家

遊仙夢記一卷　宋蘇轍撰

龍壽丹記一卷　宋蔡襄撰

惠民藥局記一卷　宋錢塘沈括撰

鬼國記一卷　宋洪邁撰

鬼國續記一卷　宋洪邁撰

海外怪洋記一卷　宋洪芻撰

閩海蠱毒記一卷　宋楊胐撰

福州猴王神記一卷　宋洪邁撰

鳴鶴山記一卷　宋洪邁撰

韓奉議鸚歌傳一卷　宋何薳撰

中山狼傳一卷　宋謝良撰

皇明百家小說

後渠漫記一卷　明崔銑撰

懸笥瑣探一卷　明劉昌撰

南翁夢錄一卷　安南黎澄撰

碧里雜存一卷　明海鹽董穀撰

田居乙記一卷　明方大鎮撰

西樵野記一卷　明侯甸撰

二酉委譚一卷　明王世懋撰

三餘贅筆一卷　明都印撰

聽雨紀談一卷　明都穆撰

劉氏雜志一卷　明劉定之撰

推篷寤語一卷　明李豫亨撰

寒檠膚見一卷　明毛元仁撰

書肆說鈴一卷　明西安葉秉敬撰

語窺今古一卷　明洪文科撰

新知錄一卷　明劉仕義撰

識小錄一卷　明周賓所撰

庚巳編一卷　明陸粲撰

續巳編一卷　明仁和郎瑛撰

涉異志一卷　明閔文振撰

蘇談一卷　明楊循吉撰

意見一卷　明陳于陛撰

遇恩錄一卷　明劉仲璟撰

天順日錄一卷　明李賢撰

今言一卷　明海鹽鄭曉撰

彭公筆記一卷　明彭時撰

琅琊漫抄一卷　明文林撰

震澤紀聞一卷　明王鏊撰

震澤長語一卷　明王鏊撰

病逸漫記一卷　明鄞縣陸釴撰

高坡異纂一卷　明楊儀撰

豫章漫抄一卷　明陸深撰

篷軒別記一卷　明楊循吉撰

篷窗續錄一卷　明馮時可撰

青巖叢錄一卷　明義烏王褘撰

東谷贅言一卷　明敖英撰

閑中今古錄一卷　明黃溥撰

春風堂隨筆一卷　明陸深撰

簷曝偶談一卷　明顧元慶撰

雨航雜錄一卷　明馮時可撰

農田餘話一卷　明長谷真逸撰

水南翰記一卷　明李如一撰

毳采清課一卷　明費元祿撰

吳風錄一卷　明黃省曾撰

篷櫳夜話一卷　明嘉興李日華撰

寶槜記一卷　明滑惟善撰

續志林一卷　明義烏王褘撰

寓圃雜記一卷　明王錡撰

清溪暇筆一卷　明姚福撰

翦勝野聞一卷　明徐禎卿撰

觚不觚錄一卷　明王世貞撰

谿山餘話一卷　明陸深撰

吳中故語一卷　明楊循吉撰

清暑筆談一卷　明陸樹聲撰

甲乙剩言一卷　明蘭溪胡應麟撰

百可漫志一卷　明陳蕭撰

見聞紀訓一卷　明安吉陳良謨撰

先進遺風一卷　明耿定向撰

擁絮迂談一卷　明朱鷺撰

遼邸記聞一卷　明錢希言撰

女俠傳一卷　明鄒之麟撰

醫閭漫記一卷　明賀欽撰

義虎傳一卷　明祝允明撰

琉球使略一卷　明陳侃撰

雲中事記一卷　明蘇祐撰

南巡日錄一卷　明陸深撰

朝鮮紀事一卷　明倪謙撰

平定交南錄一卷　明丘濬撰

雲林遺事一卷　明顧元慶撰

國寶新編一卷　明顧璘撰

仰山脞錄一卷　明閔文振撰

新倩籍一卷　明徐禎卿撰

吳中往哲記一卷　明楊循吉撰

綠雪亭雜言一卷　明敖英撰

雲夢藥溪談一卷　明文翔鳳撰

兼葭堂雜抄一卷　明陸楫撰

快雪堂漫錄一卷　明秀水馮夢禎撰

天爵堂筆餘一卷　明鄞縣薛岡撰

遁徇編一卷　明西安葉秉敬撰

雪濤談叢一卷　明江盈科撰

委巷叢談一卷　明錢塘田汝成撰

前定錄補一卷　明朱佐撰

譚輅一卷　明張鳳翼撰

戲瑕一卷　明錢希言撰

語怪一卷　明祝允明撰

異林一卷　明徐禎卿撰

西州合譜一卷　明張鴻磐撰

海味索隱一卷　明鄞縣屠本畯撰

笑禪錄一卷　明潘游龍撰

雜纂三續一卷　明黃允交撰

洞簫記一卷　明陸粲撰

廣寒殿記一卷　明宣宗朱瞻基撰

周顛仙人傳　明太祖朱元璋撰

李公子傳一卷　明陳繼儒撰

阿寄傳一卷　明錢塘田汝成撰

　　九行二十字　左右雙邊　白口

　19.3×14.3釐米

浙圖＊　天一閣＊

叢 0018

五朝小説□□□卷

　清初據順治三年(1646)李際期宛委山堂
　重編説郛、説郛續版再重編印本〔目錄
　配抄本〕

存一百十二卷

東宮舊事一卷　晉張敞撰

南部煙花記　唐馮贄撰

鄴中記一卷　晉陸翽撰

群輔錄一卷　晉陶潛撰

真靈位業圖一卷　梁陶弘景撰

列仙傳一卷　漢劉向撰

神僧傳　晉釋法顯撰

神仙傳一卷　晉葛洪撰

幽閑鼓吹一卷　唐張固撰

劉賓客嘉話錄一卷　唐韋絢撰

隋唐嘉話一卷　唐劉餗撰

桂苑叢談一卷　唐馮翊撰

周秦行紀一卷　唐牛僧孺撰

三夢記一卷　唐白行簡撰

廣陵妖亂志一卷　唐鄭廷誨撰

常侍言旨一卷　唐柳珵撰

夢遊錄一卷　唐任蕃撰

迷樓記一卷　唐韓偓撰

集異記一卷　唐薛用弱撰

開元天寶遺事一卷　唐王仁裕撰

明皇十七事一卷　唐李德裕撰

楊太真外傳二卷　宋樂史撰

長恨歌傳一卷　唐陳鴻撰

終南十志一卷　唐盧鴻撰

洞天福地記一卷　前蜀杜光庭撰

比紅兒詩話一卷　宋馮曾撰

義山雜纂一卷　唐李商隱撰

嘯旨一卷　唐孫廣撰

茶經三卷　唐陸羽撰

十六湯品一卷　唐蘇廙撰

煎茶水記一卷　唐張又新撰

醉鄉日月一卷　唐皇甫松撰

食譜一卷　唐韋巨源撰

花九錫一卷　唐羅虯撰

二十四詩品一卷　唐司空圖撰

書法一卷　唐歐陽詢撰

畫學秘訣一卷　唐王維撰

續畫品錄一卷　唐李嗣真撰

貞觀公私畫史一卷　唐裴孝源撰

小名錄一卷　唐陸龜蒙撰

耒耜經一卷

五木經一卷　唐李翱撰

樂府雜錄一卷　唐段安節撰

羯鼓錄一卷　唐南卓撰

摭言一卷　唐何晦撰

衛公故物記一卷　唐韋端符撰

藥譜一卷　唐侯寧極撰

諧噱錄一卷　唐劉訥言撰

天順日錄一卷　明李賢撰

今言一卷　明海鹽鄭曉撰

彭公筆記一卷　明彭時撰

琅琊漫錄一卷　明文林撰

震澤紀聞一卷　明王鏊撰

震澤長語一卷　明王鏊撰

病逸漫記一卷　明鄞縣陸釴撰

高坡異纂一卷　明楊儀撰

豫章漫抄一卷　明陸深撰

蓬軒別記一卷　明楊循吉撰

蓬軒客錄　明馮時可撰

青巖叢錄一卷　明義烏王褘撰

東谷贅言一卷　明敖英撰

閑中今古錄一卷　明黃溥撰

春風堂隨筆一卷　明陸深撰

簷曝偶談一卷　明顧元慶撰

雨航雜錄一卷　明馮時可撰

農田餘話一卷　明長谷真逸撰

水南翰記一卷　明李如一撰

鼂采清課一卷　明費元祿撰

吳風錄一卷　明黃省曾撰

蓬櫳夜話一卷　明嘉興李日華撰

寶櫝記一卷　明滑惟善撰

脚氣集一卷　明車若水撰

續志林一卷　明義烏王褘撰

寓圃雜記一卷　明王錡撰

清溪暇筆一卷　明姚福撰

近峰聞略一卷　明皇甫錄撰

近峰記略一卷　明皇甫錄撰

窮勝野聞一卷　明徐禎卿撰

渤泥入貢記一卷　明浦江宋濂撰

琉球使略一卷　明陳侃撰

雲中事記一卷　明蘇祐撰

南巡日錄一卷　明陸深撰

朝鮮紀事一卷　明倪謙撰

平定交南錄一卷　明丘濬撰

甲乙剩言一卷　明蘭溪胡應麟撰

百可漫志一卷　明陳蕭撰

見聞紀訓一卷　明安吉陳良謨撰

先進遺風一卷　明耿定向撰

擁絮迂談一卷　明朱鷺撰

遼邸記聞一卷　明錢希言撰

女俠傳一卷　明鄒之麟撰

天爵堂筆餘一卷　明鄞縣薛岡撰

雪濤談叢一卷　明江盈科撰

遒徇編一卷　明西安葉秉敬撰

委巷叢談一卷　明錢塘田汝成撰

前定錄補一卷　明朱佐撰

譚輅一卷　明張鳳翼撰

戲瑕一卷　明錢希言撰

語怪一卷　明祝允明撰

異林一卷　明徐禎卿撰

西州合譜一卷　明張鴻磐撰

海味索隱一卷　明鄞縣屠本畯撰

笑禪錄一卷　明潘游龍撰

雜纂三續一卷　明黃允交撰

洞簫記一卷　明陸粲撰

廣寒殿記一卷　明宣宗朱瞻基撰

周顛仙人傳一卷　明太祖朱元璋撰

李公子傳一卷　明陳繼儒撰

阿寄傳一卷　明錢塘田汝成撰

　九行十九字　左右雙邊　白口

　19.3×14.3釐米

浙圖

叢0019

小四書五卷

　明朱升編

　清雍正十一年（1733）恒德堂刻本

　　名物蒙求一卷　宋淳安方逢辰撰

　　性理字訓一卷　宋程若庸撰

　　歷代蒙求一卷　元陳櫟撰

　　史學提要二卷　宋黃繼善撰

　六行八字　四周雙邊　白口

　21×13.9釐米

嘉圖

叢0020

欣賞編十四卷

　明沈津編

　明萬曆（1573—1620）茅一相刻本

　　集古玉圖一卷　元朱德潤撰

　　漢晉印章圖譜一卷　宋王厚之撰

　　文房圖贊一卷　宋林洪撰

續文房圖贊一卷　宋羅先登撰

茶具圖贊一卷

硯譜一卷　明沈仕撰

燕几圖一卷　宋黃伯思撰

古局象棋圖一卷

譜雙五卷　題宋洪遵撰

打馬圖一卷　題宋李清照撰

行字不一　四周單邊　白口

17×13 釐米

浙圖　杭博＊　天一閣＊

叢0021

欣賞續編十卷

明吳興茅一相編

明萬曆八年(1580)茅一相刻本

詩法一卷　明茅一相撰

奕選一卷

繪妙一卷　明茅一相撰

詞評一卷　明王世貞撰

曲藻一卷　明王世貞撰

大石山房十友譜一卷　明顧元慶撰

茶譜一卷　明顧元慶撰

除紅譜一卷　題宋朱河撰

牌譜一卷　明長興顧應祥撰

保生心鑑一卷

行字不一　四周單邊　白口

17.5×12.8 釐米

浙圖

叢0022

陽山顧氏文房小說五十八卷

明顧元慶編

明正德至嘉靖(1506—1566)顧元慶夷白

齋刻本

存八卷

古今注三卷　題晉崔豹撰　缺一卷　中

隋唐嘉話三卷　唐劉餗撰

周秦行紀一卷　唐韋瓘撰

南岳魏夫人傳一卷

洛陽名園記一卷　宋李格非撰

十行十八字　左右雙邊　白口

18×13.2 釐米

天一閣＊　玉海樓＊

叢0023

顧氏明朝四十家小說四十三卷

明顧元慶編

明嘉靖十八年至二十年(1539—1541)顧

氏大石山房刻本

存二十卷

稗史集傳一卷　元徐顯撰

西征記一卷　宋盧襄撰

避戎夜話二卷　宋石茂良撰

雲林遺事一卷附錄一卷　明顧元慶撰

剪勝野聞一卷　明徐禎卿撰

存餘堂詩話一卷　明朱承爵撰

君子堂日詢手鏡一卷　明王濟撰

海槎餘錄一卷　明顧岕撰

新倩籍一卷　明徐禎卿撰

今雨瑤華一卷　明岳岱撰

簷曝偶談一卷　明顧元慶撰

七人聯句詩記一卷　明楊循吉撰

縣笥瑣探一卷　明劉昌撰

青溪暇筆一卷　明姚福撰

蠶衣一卷　明祝允明撰

景仰撮書一卷　明王達撰

實槎記一卷　明滑惟善撰

太湖新錄一卷　明徐禎卿等撰

十行十八字　左右雙邊　白口

17.5×13 釐米

浙圖＊　天一閣＊

叢0024

國朝典故一百二十一卷

明朱當㴐編

張宗祥鐵如意館抄本　海寧張宗祥跋

存九十二卷

天潢玉牒一卷

敕賜滁陽王廟碑一卷

皇明本紀一卷

剪勝野聞一卷　明徐禎卿撰

國初事蹟一卷　明金華劉辰撰

國初禮賢錄二卷

奉天靖難記四卷　實抄三卷　一至三

彙編叢書

壬午功臣爵賞錄一卷壬午功賞別錄一卷

靖難功臣錄一卷

金文靖公前北征錄一卷後北征錄一卷

北征錄一卷　明楊榮撰

建文遺錄一卷

革除遺事六卷　明黃佐撰

備遺錄一卷　明張芹編

野記四卷　明祝允明撰

立齋閑錄四卷　明宋端儀撰

三朝聖諭錄三卷　明楊士奇輯

三家世典一卷　明郭勛撰

御製周顛仙人傳一卷　明太祖朱元璋撰

天順日錄六卷　明李賢撰

燕對錄一卷　明李東陽撰

損齋備忘錄二卷　明梅純撰

畜德錄一卷　明鄞縣陳沂撰

謇齋瑣綴錄八卷　明尹直撰

王文恪公筆記一卷　明王鏊撰

前聞記一卷　明祝允明撰

青溪暇筆二卷　明姚福撰

寓圃雜記二卷　明王錡撰

病逸漫記一卷　明鄞縣陸釴撰

蓬軒類記四卷　明黃暐撰

彭文憲公筆記一卷　明彭時撰

菽園雜記十一卷　明陸容撰　存五卷　一
　　至五

縣笥瑣探一卷　明劉昌撰

瑯琊漫抄一卷　明文林撰

君子堂日詢手鏡二卷　明王濟撰

平定交南錄一卷　明丘濬撰

安南奏議一卷

議處安南事宜一卷　明鄧士龍撰

平蠻錄一卷　明王軾撰

東征紀行錄一卷　明張瓚撰

星槎勝覽二卷　明費信撰

瀛涯勝覽一卷　明會稽馬歡撰

皇明傳信錄七卷

石田雜記一卷　明沈周撰

浙圖

叢 0025

范氏奇書□□卷

明鄞縣范欽編

明范氏天一閣刻本

存四十六卷

乾坤鑿度二卷

周易乾坤鑿度二卷　漢鄭玄注

元包經傳五卷　北周衛元嵩撰　唐蘇源明、
　　李江注

元包數總義二卷　宋張行成撰

周易古占法二卷　宋程迥輯

周易略例一卷　魏王弼撰　唐邢璹注

周易舉正三卷　唐郭京撰

京氏易傳三卷　漢京房撰　吳陸績注

關氏易傳一卷　北魏關朗撰　唐趙蕤注

正易心法一卷　題後周麻衣道者撰

穆天子傳六卷　晉郭璞注

孔子集語二卷　宋薛據輯

論語筆解二卷　唐韓愈、李翱撰

郭子翼莊一卷　晉郭象撰　明高辥輯

廣成子解一卷　題宋蘇軾撰

三墳一卷

商子五卷

素履子三卷　唐張弧撰

竹書紀年二卷　題梁武康沈約注

潛虛一卷　宋司馬光撰

九行十八字　左右雙邊　白口

20.8×14.7釐米

浙圖＊　溫圖＊　天一閣＊　玉海樓＊

叢 0026

古今說海一百四十二卷

明陸楫等編

明嘉靖二十三年(1544)陸楫儼山書院雲
山書院刻本

說選部

小錄家

北征錄一卷　明金幼孜撰

北征後錄一卷　明金幼孜撰

北征記一卷　明楊榮撰

偏記家

平夏錄一卷　明黃標撰

江南別錄一卷　宋陳彭年撰

三楚新錄三卷　宋周羽翀撰

溪蠻叢笑一卷　宋朱輔撰

彙編叢書

遼志一卷　宋葉隆禮撰

金志一卷　題宋宇文懋昭撰

蒙韃備錄一卷　題宋孟珙撰

北邊備對一卷　宋程大昌撰

桂海虞衡志一卷　宋范成大撰

真臘風土記一卷　元周達觀撰

北户錄一卷　唐段公路撰

西使記一卷　元劉郁撰

北轅錄一卷　宋錢塘周煇撰

滇載記一卷　明楊慎撰

星槎勝覽四卷　明費信撰

說淵部

別傳家

靈應傳一卷

洛神傳一卷　唐薛瑩撰

夢游錄一卷　唐任蕃撰

吳保安傳一卷

崑崙奴傳一卷

鄭德璘傳一卷　唐薛瑩撰

李章武傳一卷　唐李景亮撰

韋自東傳一卷

趙合傳一卷

杜子春傳一卷　唐鄭還古撰

裴伷先別傳一卷

震澤龍女傳一卷　唐薛瑩撰

袁氏傳一卷　五代顧夐撰

少室仙姝傳一卷

李林甫外傳一卷

遼陽海神傳一卷

虬蚼傳一卷

甘棠靈會錄一卷

顏濬傳一卷

張無頗傳一卷

板橋記一卷

鄞侯外傳一卷　唐李繁撰

洛京獵記一卷

玉壺記一卷

姚生傳一卷

唐晅手記一卷　唐唐晅撰

獨孤穆傳一卷

王恭伯傳一卷

中山狼傳一卷　宋謝良撰

崔煒傳一卷

陸顒傳一卷

潤玉傳一卷

李衛公別傳一卷

齊推女傳一卷

魚服記一卷

聶隱娘傳一卷

袁天綱外傳一卷

曾季衡傳一卷

蔣子文傳一卷　唐羅鄴撰

張遵言傳一卷

侯元傳一卷

同昌公主外傳一卷　唐蘇鶚撰

睦仁蒨傳一卷　唐陳鴻撰

韋鮑二生傳一卷

張令傳一卷

李清傳一卷

薛昭傳一卷

王賈傳一卷

烏將軍記一卷

寶玉傳一卷

柳參軍傳一卷

人虎傳一卷

馬自然傳一卷

寶應錄一卷

白蛇記一卷

巴西侯傳一卷

柳歸舜傳一卷

求心錄一卷

知命錄一卷

山莊夜怪錄一卷

五真記一卷

小金傳一卷

林靈素傳一卷　宋趙與峕撰

海陵三仙傳一卷

說略部

雜記家

默記一卷　宋王銍撰

宣政雜錄一卷　宋江萬里撰

靖康朝野僉言一卷

朝野遺記一卷

墨客揮犀一卷　宋彭乘撰

續墨客揮犀一卷　宋彭乘撰

聞見雜錄一卷　宋蘇舜欽撰

彙編叢書

山房隨筆一卷　元蔣子正撰

諧史一卷　宋沈俶撰

昨夢錄一卷　宋康譽之撰

三朝野史一卷　元浦江吳萊撰

鐵圍山叢談一卷　宋蔡絛撰

孔氏雜說一卷　宋孔平仲撰

瀟湘錄一卷　題唐李隱撰

三水小牘一卷　唐皇甫枚撰

談藪一卷　宋龐元英撰

清尊錄一卷　宋廉布撰

暌車志一卷　宋郭彖撰

話腴一卷　宋陳郁撰

朝野僉載一卷　唐張鷟撰

古杭雜記一卷　宋李有撰

蒙齋筆談一卷　題宋鄭景璧撰

文昌雜錄一卷　宋龐元英撰

就日錄一卷

碧湖雜記一卷

錢氏私誌一卷　宋錢愐撰

遂昌山樵雜錄一卷　元鄭元祐撰

高齋漫錄一卷　宋曾慥撰

桐陰舊話一卷　宋韓元吉撰

霏雪錄一卷　明山陰劉績撰

東園友聞一卷

拊掌錄一卷　元元懷撰

說纂部

逸事家

漢武故事一卷　題漢班固撰

艮嶽記一卷　宋張淏撰

青溪寇軌一卷　宋方勺撰

煬帝海山記一卷

煬帝迷樓記一卷

煬帝開河記一卷

散錄家

江行雜錄一卷　宋廖瑩中撰

行營雜錄一卷　宋趙葵撰

避暑漫抄一卷　宋山陰陸游撰

養痾漫筆一卷　宋趙溍撰

虛谷閒抄一卷　元方回撰

蓼花洲閒錄一卷　宋高文虎撰

雜纂家

樂府雜錄一卷　唐段安節撰

教坊記一卷　唐崔令欽撰

孫內翰北里誌一卷　唐孫棨撰

青樓集一卷　元夏庭芝撰

雜纂三卷　唐李商隱撰　宋王君玉、蘇
　軾續

損齋備忘錄一卷　明梅純撰

復辟錄一卷　明楊暄撰

靖難功臣錄一卷

備遺錄一卷　明張芹撰　明仁和姜南
　續增

八行十六字　左右雙邊　白口

16.4×12.1釐米

浙圖＊　杭圖＊　天一閣　浙大＊

叢0027

金聲玉振集六十三卷

明袁褧編

明嘉靖二十九年至三十年（1550—1551）

　袁氏嘉趣堂刻本

存六十一卷

帝王紀年纂要一卷　元察罕撰

洪武聖政記一卷　明浦江宋濂撰

國初禮賢錄一卷

國初事蹟一卷　明金華劉辰撰

天潢玉牒一卷

周顛仙人傳一卷　明太祖朱元璋撰

平漢錄一卷　明童承敘撰

皇明平吳錄一卷　明吳寬撰

雲南機務抄黃一卷　明張紞撰

革除遺事六卷　明黃佐撰

奉天刑賞錄一卷　明袁褧撰

北征事蹟一卷　明袁彬撰

海寇議前一卷　明范表撰

海寇後編二卷　明歸安茅坤撰

平蜀記一卷

北平錄一卷

前北征錄一卷　明金幼孜撰

後北征錄一卷　明金幼孜撰

平番始末一卷　明許進撰

西番事蹟一卷　明王瓊撰

北虜事蹟一卷　明王瓊撰

馬端肅公三記三卷　明馬文升撰

西征石城記一卷

興復哈密記一卷

彙編叢書

撫安東夷記一卷
廣右戰功一卷　明唐順之撰
六詔記聞二卷　明彭汝實撰
茂邊紀事一卷　明朱紈撰
問水集一卷　明劉天和撰
呂梁洪志一卷　明馮世雍撰
海道經一卷
附
　供祀記一卷
　海運以遠就近則例之圖一卷
　江淛行省興復海道漕運記一卷
海運編二卷　明崔旦撰
三吳水利論一卷　明伍餘福撰
平胡錄一卷　明陸深撰
震澤紀聞一卷　明王鏊撰
水東日記一卷　明葉盛撰
寓圃雜記二卷　明王錡撰
蒙泉類博稿一卷　明岳正撰
國寶新編一卷　明顧璘撰
蘇材小纂一卷　明祝允明撰
薛公讀書錄一卷　明薛瑄撰
太藪外史一卷　明蔡羽撰
易大象説一卷　明崔銑撰
小爾雅一卷　題明崔銑撰
松窻寤言一卷　明崔銑撰
空同子一卷　明李夢陽撰
大復論一卷　明何景明撰
讀書筆記一卷　明祝允明撰
浮物一卷　明祝允明撰
居敬堂集一卷　明朱厚煜撰
十行十八或二十字　左右雙邊　白口
18.7×13 釐米
浙圖＊　天一閣＊

叢0028
百陵學山一百十九卷
　明王完編
　明萬曆(1573—1620)刻本
存九卷
　經世要談一卷　明鄭善夫撰
　海樵子一卷　明王崇慶撰
　客問一卷　明黃省曾撰

擬詩外傳一卷　明黃省曾撰
吳風錄一卷　明黃省曾撰
理生玉鏡稻品一卷　明黃省曾撰
種芋法一卷　明黃省曾撰
鼀經一卷　明黃省曾撰
養魚經一卷　明黃省曾撰
十行二十字　左右雙邊　細黑口
18.3×13.8 釐米
浙圖

叢0029
皇明小説□□卷
　明刻本
存八卷
　皇明盛事一卷　明王世貞撰
　菽園雜記一卷　明陸容撰
　客座新聞一卷　明沈周撰
　枝山前聞一卷　明祝允明撰
　莘野纂聞一卷　明伍餘福撰
　駒陰冗記一卷　明闞莊撰
　中州野錄一卷　明程文憲撰
　長安客話一卷　明蔣一葵撰
九行二十字　左右雙邊　白口
19×14 釐米
天一閣

叢0030
今獻彙言三十九卷
　明高鳴鳳編
　明萬曆(1573—1620)刻本
存二十二卷
　蘿山雜言一卷　明浦江宋濂撰
　蒙泉雜言一卷
　未齋雜言一卷　明黎久撰
　南山素言一卷　明潘府撰
　松窻寤言一卷　明崔銑撰
　井觀瑣言一卷　明鄭瑗撰
　青溪暇筆一卷　明姚福撰
　桑榆漫志一卷　明陶輔撰
　林泉隨筆一卷　明張綸撰
　春雨堂隨筆一卷　明陸深撰
　平夏錄一卷　明黃標撰

平吳錄一卷　明吳寬撰

北平錄一卷

平胡錄一卷　明陸深撰

平定交南錄一卷　明陸深撰

撫安東夷記一卷　明馬文升撰

西征石城記一卷　明馬文升撰

興復哈密記一卷　明馬文升撰

平夷錄一卷　明趙輔撰

東征紀行錄一卷

江海殲渠記一卷　明祝允明撰

醫間漫記一卷　明賀欽撰

十行二十一或二十三字　四周單邊　白口

18.5×13.3 釐米

天一閣

叢0031

今獻彙言八集二十五卷

明高鳴鳳編

明刻本

存七集二十二卷

集之一

賢識錄一卷　明鄞縣陸釴撰

遵聞錄一卷　明梁億撰

平夏錄一卷　明黃標撰

否泰錄一卷　明劉定之撰

集之二

北狩事蹟一卷　明楊銘撰

可齋雜記一卷　明彭時撰

守溪長語一卷　明王鏊撰

雙溪雜記一卷　明王瓊撰

集之三

損齋備忘錄一卷　明梅純撰

琅琊漫抄一卷　明文林撰

縣笥瑣探一卷　明劉昌撰

聽雨紀談一卷　明都穆撰

蘇談一卷　明楊循吉撰

簷曝偶談一卷　明顧元慶撰

集之四

謇齋瑣綴錄一卷　明尹直撰

集之五

菽園雜記一卷　明陸容撰

集之七

青溪暇筆一卷　明姚福撰

石田雜記一卷　明沈周撰

庚已編一卷　明陸粲撰

集之八

林泉隨筆一卷　明張綸撰

綠雪亭雜言一卷　明敖英撰

竹下寱言一卷　明海鹽王文祿撰

十行二十三字　四周單邊　白口

18.5×13.3 釐米

天一閣

叢0032

文林綺繡五十九卷

明吳興凌迪知編

明萬曆四年至五年（1576—1577）凌氏桂芝館刻本

左國腴詞八卷　明吳興凌迪知輯

太史華句八卷　明吳興凌迪知輯

文選錦字錄二十一卷　明吳興凌迪知輯

兩漢雋言前集十卷後集六卷　宋林越輯

楚騷綺語六卷　明張之象輯

八行十七字　左右雙邊　白口

18.9×12.9 釐米

浙圖　杭圖＊　溫圖＊　嘉圖＊　天一閣＊　浙大＊

叢0033

兩京遺編七十三卷

明胡維新編

明萬曆十年（1582）原一魁刻本

存三十三卷

賈子十卷　漢賈誼撰

鹽鐵論十卷　漢桓寬撰

風俗通義十卷　漢應劭撰

人物志三卷　魏劉邵撰　西涼劉昞注

九行十七字　四周雙邊　白口

21.1×13.6 釐米

浙圖＊　杭圖＊　天一閣＊

叢0034

紀錄彙編二百十六卷

明沈節甫編

彙編叢書

明萬曆四十五年（1617）陳于廷刻本
存一百四十卷

御製皇陵碑一卷　明太祖朱元璋撰
御製西征記一卷　明太祖朱元璋撰
御製平西蜀文一卷　明太祖朱元璋撰
御製孝慈錄一卷　明太祖朱元璋撰
北平錄一卷
平漢錄一卷　明浦江宋濂撰
平吳錄一卷　明吳寬撰
平蜀記一卷
平夏錄一卷　明黃標撰
金文靖公北征錄一卷　明金幼孜撰
後北征錄一卷　明金幼孜撰
北征記一卷　明楊榮撰
西征石城記一卷　明馬文升撰
撫安東夷記一卷　明馬文升撰
興復哈密國王記一卷　明馬文升撰
平番始末二卷　明許進撰
平夷賦一卷　明趙輔撰
平蠻錄一卷　明王軾撰
西征日錄一卷　明楊一清撰
制府雜錄一卷　明楊一清撰
雲中事記一卷　明蘇祐撰
張司馬定浙二亂志一卷　明王世貞撰
雲南機務抄黃一卷　明張紞輯
滇載記一卷　明楊慎撰
炎徼紀聞四卷　明錢塘田汝成撰
鴻猷錄十六卷　明高岱撰
治世餘聞錄上篇四卷下篇四卷　明箬陂撰
繼世紀聞六卷　明箬陂撰
續吳先賢讚十五卷　明劉鳳撰
明詩評四卷　明王世貞撰
吳郡二科志一卷　明閻秀卿撰
新倩籍一卷　明徐禎卿撰
翦勝野聞一卷　明徐禎卿撰
玉堂漫筆摘抄一卷　明陸深撰
金臺紀聞摘抄一卷　明陸深撰
停驂錄摘抄一卷　明陸深撰
續停驂錄摘抄一卷　明陸深撰
水東日記摘抄七卷　明葉盛撰
今言四卷　明海鹽鄭曉撰
鳳洲雜編六卷　明王世貞撰
醫閭漫記一卷　明賀欽撰

四友齋叢說摘抄七卷　明何良俊撰
菽園雜記摘抄七卷　明陸容撰
留青日劄摘抄四卷　明錢塘田藝蘅撰
縣笥瑣探摘抄一卷　明劉昌撰
蘇談一卷　明楊循吉撰
病逸漫記一卷　明鄞縣陸釴撰
前聞記一卷　明祝允明撰
寓圃雜記二卷　明王錡撰
兼葭堂雜著摘抄一卷　明陸楫撰
窺天外乘一卷　明王世懋撰
二酉委譚摘錄一卷　明王世懋撰
閩部疏一卷　明王世懋撰
江西輿地圖說一卷　明趙秉忠撰
饒南九三府圖說一卷　明王世懋撰
志怪錄一卷　明祝允明撰
涉異志一卷　明閔文振撰
奇聞類紀摘抄四卷　明施顯卿撰
見聞紀訓二卷　明安吉陳良謨撰

九行二十字　四周單邊　白口

21.2×14.8 釐米

天一閣

叢 0035

夷門廣牘一百六十九卷
明秀水周履靖編
明萬曆二十五年（1597）金陵荊山書林刻
本
存一百四十四卷
藝苑
文章緣起一卷　題梁任昉撰
釋名一卷　漢劉熙撰
詩品一卷　梁鍾嶸撰
文錄一卷　題宋唐庚撰
談藝錄一卷　明徐禎卿撰
騷壇秘語三卷　明秀水周履靖撰
詩源撮要一卷　明張懋賢輯
籟紀三卷　陳陳叔齊撰
嘯旨一卷
廣易千文一卷　明秀水周履靖撰
博雅
異域志二卷　元周致中輯
溪蠻叢笑一卷　宋朱輔撰

格古要論三卷　明曹昭撰

群物奇制一卷　明秀水周履靖輯

墨經一卷　宋晁貫之撰

尊生

胎息經一卷　題□幻真先生注

天隱子一卷　唐司馬承禎撰

赤鳳髓三卷　明秀水周履靖輯

煉形內旨一卷

玉函秘典一卷

修真演義一卷　明鄧希賢撰

純陽演正孚佑帝君既濟真經一卷　明鄧
希賢箋注

唐宋衛生歌一卷　明秀水周履靖輯

益齡單一卷　明秀水周履靖輯

怪疴單一卷　元義烏朱震亨撰

書法

法書通釋二卷　明張紳撰

干祿字書一卷　唐顏元孫撰

學古編二卷附錄一卷　元錢塘吾丘衍撰

畫藪

淇園肖影二卷　明秀水周履靖撰

羅浮幻質一卷　明秀水周履靖撰

九畹遺容一卷　明秀水周履靖撰

春谷嚶翔一卷　明秀水周履靖撰

繪林題識一卷　明汪顯節輯

食品

山家清供二卷　宋林洪撰

茹草編四卷　明秀水周履靖撰

茶品要錄一卷　宋黃儒撰

茶寮記一卷附一卷　明陸樹聲撰

湯品一卷

易牙遺意二卷　明韓奕撰

娛志

綠綺新聲三卷(原缺卷二)　明徐時琪撰

玉局鈎玄一卷　明項世芳撰

投壺儀節一卷　明汪禔撰

馬戲圖譜一卷　題宋李清照撰

五木經一卷　唐李翱撰　唐元革注

詩牌譜一卷　明王良樞撰　明秀水周履
靖校續

九經二卷

胇陣篇一卷　明袁福徵撰

雜占

黃帝授三子玄女經一卷

黃帝宅經二卷

葬經一卷　金兀欽仄注

探春歷記一卷　題漢東方朔撰

四字經一卷　題唐釋德行撰

土牛經一卷　宋向孟撰

天文占驗一卷

占驗錄一卷　明秀水周履靖輯

黃石公望空四字數一卷

質龜論一卷

禽獸

禽經一卷　晉張華注

獸經一卷　明黃省曾撰　明秀水周履靖
增

相鶴經一卷

魚經一卷　明黃省曾撰

蠶書一卷　宋秦觀撰

促織經二卷　宋天台賈似道撰　明秀水
周履靖續增

草木

種樹書三卷

王氏蘭譜一卷　宋王貴學撰

農桑撮要一卷　元魯明善撰

蘭譜奧法一卷

梅品一卷　宋張鎡撰

菊譜二卷　明黃省曾撰

耒耜經一卷　唐陸龜蒙撰

理生玉鏡稻品一卷　明黃省曾撰

芋經一卷　明黃省曾撰

招隱

逸民傳二卷　明皇甫涍撰　明劉鳳補遺

香案牘一卷　明陳繼儒撰

列仙傳一卷　題漢劉向撰

神仙傳一卷　題晉葛洪撰

續神仙傳一卷　南唐沈汾撰

梅墟先生別錄二卷　明嘉興李日華、鄭琰撰

梅塢貽瓊六卷　明汪顯節輯

閒適

五柳賡歌四卷　晉陶潛撰　明秀水周履
靖和

中峰禪師梅花百詠一卷　元釋明本撰

群仙降乩語一卷　明秀水周履靖輯

閒雲稿四卷　明秀水周履靖撰

野人清嘯二卷　明秀水周履靖撰

燎松吟一卷　明秀水周履靖撰

千片雪二卷　元馮子振撰　明秀水周履靖和

鴛湖唱和稿一卷　明秀水周履靖撰

山家語一卷　明秀水周履靖撰

泛泖吟一卷　明秀水周履靖撰

毛公壇倡和詩一卷　明秀水周履靖撰

香奩詩草二卷　明桑貞白撰

鶴月瑤笙四卷　明秀水周履靖撰

觴詠

　青蓮觴吟二卷　唐李白撰　明秀水周履靖和

　香山酒頌二卷　唐白居易撰　明秀水周履靖和

　唐宋元明酒詞二卷　明秀水周履靖撰

　狂夫酒語二卷　明秀水周履靖撰

九行十八字　四周單邊　白口

20×14 釐米

浙圖 ＊　天一閣 ＊

叢 0036

稗海二百八十五卷續稗海一百四十一卷

明會稽商濬編

明萬曆（1573—1620）商濬半埜堂刻本

存稗海一百十八卷續稗海三十一卷

第一套

王子年拾遺記十卷　題前秦王嘉撰

小名錄二卷　唐陸龜蒙撰

雲溪友議十二卷　唐會稽范攄撰

獨異志三卷　唐李冗撰

第二套

杜陽雜編三卷　唐蘇鶚撰

東觀奏記三卷　唐裴庭裕撰

大唐新語十三卷　唐劉肅撰

第三套

搜採異聞錄五卷　宋永亨撰

閒窗括異志一卷　宋海鹽魯應龍撰

第四套

游宦紀聞十卷　宋張世南撰

夢溪筆談二十六卷　宋錢塘沈括撰

墨莊漫錄十卷　宋張邦基撰

第五套

嬾真子五卷　宋馬永卿撰

蘇黃門龍川別志二卷　宋蘇轍撰

冷齋夜話十卷　宋釋惠洪撰

第六套

清波雜志三卷　宋錢塘周煇撰

第十套

野客叢書三十卷附錄一卷　宋王楙撰

九行二十字　四周單邊　白口

20.5×14.1 釐半

浙圖 ＊　嘉圖 ＊　天一閣 ＊　玉海樓 ＊　浙大 ＊

叢 0037

稗海二百八十八卷續稗海一百六十一卷

明會稽商濬編

明萬曆（1573—1620）商濬半埜堂刻清康熙（1662—1722）振鷺堂重編補刻本

第一函

博物志十卷　晉張華撰　宋周日用注

西京雜記六卷　題晉葛洪撰

王子年拾遺記十卷　題前秦王嘉撰

搜神記八卷　題晉海鹽干寶撰

述異記二卷　題梁任昉撰

續博物志十卷　題宋李石撰

摭言一卷　五代王定保撰

小名錄二卷　唐陸龜蒙撰

雲溪友議十二卷　唐會稽范攄撰

獨異志三卷　唐李冗撰

第二函

杜陽雜編三卷　唐蘇鶚撰

東觀奏記三卷　唐裴庭裕撰

大唐新語十三卷　唐劉肅撰

因話錄六卷　唐趙璘撰

玉泉子一卷

北夢瑣言二十卷　宋孫光憲撰

第三函

樂善錄二卷　宋李昌齡撰

蠧海集一卷　宋王逵撰

過庭錄一卷　宋范公偁撰

泊宅編三卷　宋方勺撰

閒窗括異志一卷　宋海鹽魯應龍撰

搜採異聞錄五卷　宋永亨撰

東軒筆錄十五卷　宋魏泰撰

青箱雜記十卷　宋吳處厚撰

蒙齋筆談二卷　宋烏程葉夢得撰

畫墁錄一卷　宋張舜民撰

第四函

游宦紀聞十卷　宋張世南撰

夢溪筆談二十六卷補筆談一卷　宋錢塘
　沈括撰

學齋佔畢纂一卷　宋史繩祖撰

儲華谷祛疑說纂一卷　宋儲泳撰

墨莊漫錄十卷　宋張邦基撰

侍兒小名錄拾遺一卷　宋張邦幾撰

補侍兒小名錄一卷　宋王銍撰

續補侍兒小名錄一卷　宋溫豫撰

第五函

嬾真子五卷　宋馬永卿撰

歸田錄二卷　宋歐陽修撰

東坡先生志林十二卷　宋蘇軾撰

蘇黃門龍川別志二卷　宋蘇轍撰

澠水燕談錄十卷　宋王闢之撰

冷齋夜話十卷　宋釋惠洪撰

老學庵筆記十卷　宋山陰陸游撰

第六函

雲麓漫抄四卷　宋趙彥衛撰

石林燕語十卷　宋烏程葉夢得撰

避暑錄話二卷　宋烏程葉夢得撰

清波雜志三卷　宋錢塘周煇撰

墨客揮犀十卷　宋彭乘撰

異聞總錄四卷

遂昌雜錄一卷　元鄭元祐撰

續稗海

第七函

酉陽雜俎二十卷　唐段成式撰

宣室志十卷補遺一卷　唐張讀撰

河東先生龍城錄二卷　題唐柳宗元撰

鶴林玉露十六卷補遺一卷　宋羅大經撰

第八函

儒林公議二卷　宋田況撰

侯鯖錄八卷　宋趙令畤撰

睽車志六卷　宋郭彖撰

江隣幾雜志一卷　宋江休復撰

桯史十五卷　宋岳珂撰

隨隱漫錄五卷　宋陳世崇撰

楓窗小牘二卷　宋袁褧撰　宋袁頤續

耕祿稿一卷　宋胡錡撰

厚德錄四卷　宋李元綱撰

第九函

西溪叢語二卷　宋嵊縣姚寬撰

野客叢書三十卷附錄一卷　宋王楙撰

螢雪叢說二卷　宋俞成撰

孫公談圃三卷　宋孫升述　宋劉延世撰

許彥周詩話一卷　宋許顗撰

後山居士詩話一卷　宋陳師道撰

第十函

齊東野語二十卷　宋周密撰

癸辛雜識前集一卷後集一卷續集二卷別
　集二卷　宋周密撰

山房隨筆一卷　元蔣子正撰

九行二十字　四周單邊　白口

21×14.2釐米

溫圖　上虞圖*　天一閣　玉海樓*

叢0038

稗海二百八十八卷續稗海一百六十一卷

明會稽商濬編

明萬曆（1573—1620）商濬半埜堂刻清康
　熙（1662—1722）振鷺堂重編補刻本
　佚名錄清仁和盧文弨批校並跋

浙圖

叢0039

漢魏叢書二百五十一卷

明程榮編

明萬曆二十年（1592）程榮刻本

經籍

京房易傳三卷　漢京房撰　吳陸績注

周易略例一卷　晉王弼撰　唐邢璹注

古三墳一卷

詩說一卷　題漢申培撰

韓詩外傳十卷　漢韓嬰撰

大戴禮記十三卷　漢戴德撰

春秋繁露十七卷　漢董仲舒撰

白虎通德論二卷　漢班固撰

獨斷二卷　漢蔡邕撰

忠經一卷　漢馬融撰　漢鄭玄注

輶軒使者絕代語釋別國方言十三卷　漢

　揚雄撰　晉郭璞解

史籍

元經薛氏傳十卷　唐薛收撰　宋阮逸注

逸周書十卷　晉孔晁注

穆天子傳六卷　晉郭璞注

西京雜記六卷　題晉葛洪撰

子籍

素書一卷　漢黃石公撰　宋張商英注

新語二卷　漢陸賈撰

孔叢子三卷　題漢孔鮒撰

新序十卷　漢劉向撰

說苑二十卷　漢劉向撰

新書十卷附錄一卷　漢賈誼撰

法言十卷　漢揚雄撰

潛夫論十卷　漢王符撰

申鑒五卷　漢荀悅撰　明黃省曾注

中論二卷　漢徐幹撰

顏氏家訓二卷　北齊顏之推撰

商子五卷　秦公孫鞅撰

人物志三卷　魏劉邵撰　西涼劉昞注

風俗通義十卷　漢應劭撰

劉子新論十卷　北齊劉晝撰　唐袁孝政

　注

神異經一卷　題漢東方朔撰

別國洞冥記四卷　題漢郭憲撰

述異記二卷　題梁任昉撰

王子年拾遺記十卷　題前秦王嘉撰

通占大象曆星經二卷

趙飛燕外傳一卷　題漢伶玄撰

古今刀劍錄一卷　題梁陶弘景撰

論衡三十卷　漢上虞王充撰

九行二十字　左右雙邊　白口

20×14釐米

浙圖　杭圖＊　溫圖＊　嘉圖＊　海寧圖＊　天

　一閣　浙大＊

叢 0040

廣漢魏叢書四百三十九卷

明武林何允中編

明刻本

經翼

易傳三卷　漢京房撰　吳陸績注

焦氏易林四卷　題漢焦延壽撰

周易略例一卷　魏王弼撰　唐邢璹注

古三墳一卷

詩傳孔氏傳一卷

詩說一卷　漢申培撰

韓詩外傳十卷　漢韓嬰撰

大戴禮記十三卷　漢戴德撰　北周盧辯

　注

春秋繁露十七卷　漢董仲舒撰

白虎通德論四卷　漢班固撰

獨斷一卷　漢蔡邕撰

忠經一卷　題漢馬融撰

孝傳一卷　題晉陶潛撰

方言十三卷　漢揚雄撰　晉郭璞注

釋名四卷　漢劉熙撰

博雅十卷　魏張揖撰　隋曹憲音釋

小爾雅一卷　漢孔鮒撰

別史

吳越春秋六卷　漢山陰趙曄撰　元徐天

　祐音注

越絕書十五卷　漢會稽袁康撰

十六國春秋十六卷　北魏崔鴻撰

元經薛氏傳十卷　唐薛收撰　宋阮逸注

汲冢周書十卷　晉孔晁注

竹書紀年二卷　梁武康沈約注

穆天子傳六卷　晉郭璞注

漢武帝內傳一卷　題漢班固撰

飛燕外傳一卷　題漢伶玄撰

雜事秘辛一卷

群輔錄一卷　晉陶潛撰

神僊傳十卷　晉葛洪撰

高士傳三卷　晉皇甫謐撰

英雄記鈔一卷　魏王粲撰

子餘

參同契一卷　漢上虞魏伯陽撰

陰符經一卷

素書一卷　宋張商英注

心書一卷　題蜀諸葛亮撰

新語二卷　漢陸賈撰

新書十卷　漢賈誼撰

新序十卷　漢劉向撰

新論十卷　北齊劉晝撰

淮南鴻烈解二十一卷　漢高誘注

孔叢二卷詰墨一卷　題漢孔鮒撰

法言十卷　漢揚雄撰

申鑒五卷　漢荀悦撰　明黃省曾注

中論二卷　漢徐幹撰

中說二卷　隋王通撰

潛夫論十卷　漢王符撰

天祿閣外史八卷　題漢黃憲撰

說苑二十卷　漢劉向撰

論衡三十卷　漢上虞王充撰

載籍

搜神記八卷　晉海鹽干寶撰

神異經一卷　題漢東方朔撰

海內十洲記一卷　題漢東方朔撰

述異記二卷　題梁任昉撰

續齊諧記一卷　梁吳興吳均撰

別國洞冥記四卷　題漢郭憲撰

西京雜記六卷　題晉葛洪撰

拾遺記十卷　題前秦王嘉撰

博物志十卷　晉張華撰　宋周日用注

古今注三卷　晉崔豹撰

風俗通義十卷　漢應劭撰

人物志三卷　魏劉邵撰　西涼劉昞注

文心雕龍十卷　梁劉勰撰

詩品三卷　梁鍾嶸撰

書品一卷　梁庾肩吾撰

顏氏家訓二卷　北齊顏之推撰

鹽鐵論十二卷　漢桓寬撰　明張之象注

三輔黃圖六卷

華陽國志十四卷　晉常璩撰

洛陽伽藍記五卷　北魏楊衒之撰

水經二卷　漢桑欽撰

星經二卷　漢甘公、石申撰

荊楚歲時記一卷　梁宗懍撰

南方草木狀三卷　晉嵇含撰

竹譜一卷　晉戴凱之撰

古今刀劍錄一卷　題梁陶弘景撰

鼎錄一卷　題梁虞荔撰

九行二十字　左右雙邊　白口

19.5×14.5 釐米

浙圖 *　天一閣 *　浙大(配嘉慶本)

叢 0041

增訂漢魏叢書四百十卷

明程榮編　清王謨續編

清乾隆五十六年(1791)王氏刻本

經翼

焦氏易林四卷　漢焦贛撰

易傳三卷　漢京房撰　吳陸績注

關氏易傳一卷　題北魏關朗撰

周易略例一卷　魏王弼撰　唐邢璹注

古三墳一卷　晉阮咸注

汲塚周書十卷　晉孔晁注

詩傳孔氏傳一卷

詩說一卷　漢申培撰

韓詩外傳十卷　漢韓嬰撰

毛詩草木鳥獸蟲魚疏二卷　吳陸璣撰

大戴禮記十三卷　漢戴德撰　北周盧辯
注

春秋繁露十七卷　漢董仲舒撰

白虎通德論四卷　漢班固撰

獨斷一卷　漢蔡邕撰

忠經一卷　漢馬融撰

孝傳一卷　晉陶潛撰

小爾雅一卷　漢孔鮒撰

方言十三卷　漢揚雄撰　晉郭璞注

博雅十卷　魏張揖撰　隋曹憲音注

釋名四卷　漢劉熙撰

別史

竹書紀年二卷　梁武康沈約注

穆天子傳六卷　晉郭璞注

越絕書十五卷　漢會稽袁康撰

吳越春秋六卷　漢山陰趙曄撰　宋徐天
祜音注

西京雜記六卷　漢劉歆撰

漢武帝內傳一卷　漢班固撰

飛燕外傳一卷　漢伶玄撰

雜事祕辛一卷　漢□□撰

華陽國志十四卷　晉常璩撰

十六國春秋十六卷　北魏崔鴻撰

三國志辨誤一卷　宋□□撰

元經薛氏傳十卷　隋王通撰　唐薛收傳
宋阮逸注

群輔錄一卷　晉陶潛撰

英雄記鈔一卷　魏王粲撰

高士傳三卷　晉皇甫謐撰

蓮社高賢傳一卷　晉□□撰

神仙傳十卷　晉葛洪撰

子餘

孔叢二卷附詰墨一卷　漢孔鮒撰

新語二卷　漢陸賈撰

新書十卷　漢賈誼撰

新序十卷　漢劉向撰

鹽鐵論十二卷　漢桓寬撰　明張之象注

法言十卷　漢揚雄撰

申鑒五卷　漢荀悅撰　明黃省曾注

論衡三十卷　漢上虞王充撰

潛夫論十卷　漢王符撰

中論二卷　漢徐幹撰

中說二卷　隋王通撰

風俗通義十卷　漢應劭撰

人物志三卷　魏劉邵撰　西涼劉昞注

新論十卷　梁劉勰撰

顏氏家訓二卷　北齊顏之推撰

參同契一卷　漢上虞魏伯陽撰

陰符經一卷　漢張良等注

風后握奇經一卷　漢公孫弘解

附

握奇經續圖一卷

八陣總述一卷　晉馬隆撰

素書一卷　題漢黃石公撰　宋張商英注

心書一卷　漢諸葛亮撰

載籍

博物志十卷　晉張華撰　宋周日用等注

文心雕龍十卷　梁劉勰撰

詩品三卷　梁鍾嶸撰

書品一卷　梁庾肩吾撰

尤射一卷　魏繆襲撰

拾遺記十卷　題前秦王嘉撰　梁蕭綺錄

述異記二卷　梁任昉撰

續齊諧記一卷　梁吳興吳均撰

搜神記八卷　晉海鹽干寶撰

搜神後記二卷　晉陶潛撰

還冤記一卷　北齊顏之推撰

神異經一卷　漢東方朔撰　晉張華注

海內十洲記一卷　漢東方朔撰

別國洞冥記四卷　漢郭憲撰

枕中書一卷　晉葛洪撰

佛國記一卷　晉釋法顯撰

伽藍記五卷　北魏楊衒之撰

三輔黃圖六卷　漢佚名撰

水經二卷　漢桑欽撰

星經二卷　漢甘公、石申撰

荊楚歲時記一卷　梁宗懍撰

南方草木狀三卷　晉嵇含撰

竹譜一卷　晉戴凱之撰

禽經一卷　晉張華注

古今刀劍錄一卷　梁陶弘景撰

鼎錄一卷　梁虞荔撰

天祿閣外史八卷　漢黃憲撰

九行二十字　左右雙邊　白口

19.7×14.4 釐米

寧圖　嘉圖＊　上虞圖＊

叢 0042

增定古今逸史二百二十三卷

明吳琯編

明吳琯刻本

逸志

合志

輶軒使者絕代語釋別國方言十三卷
漢揚雄撰

釋名八卷　漢劉熙撰

白虎通德論二卷　漢班固撰

廣雅十卷　魏張揖撰　隋曹憲音解

風俗通義四卷　漢應劭撰

小爾雅一卷　題漢孔鮒撰　宋宋咸注

獨斷一卷　漢蔡邕撰

刊誤二卷　唐李涪撰

古今注三卷　題晉崔豹撰

中華古今注三卷　後唐馬縞撰

博物志十卷　晉張華撰　宋周日用等
注

續博物志十卷　題宋李石撰

拾遺記十卷　題前秦王嘉撰

分志

山海經十八卷　晉郭璞傳

海內十洲記一卷　題漢東方朔撰

吳地記一卷後集一卷　唐陸廣微撰

岳陽風土記一卷　宋范致明撰

洛陽名園記一卷　宋李格非撰

桂海虞衡志一卷　宋范成大撰

北邊備對一卷　宋程大昌撰

真臘風土記一卷　元周達觀撰

三輔黃圖六卷

雍錄十卷　宋程大昌撰

洛陽伽藍記五卷　北魏楊衒之撰

教坊記一卷　唐崔令欽撰

樂府雜錄一卷　唐段安節撰

九經補韻一卷　宋楊伯嵒撰

逸記

紀

三墳一卷

穆天子傳六卷　晉郭璞注

竹書紀年二卷　題梁武康沈約注

汲冢周書十卷　晉孔晁注

西京雜記六卷　題晉葛洪撰

別國洞冥記四卷　題漢郭憲撰

漢武故事一卷　題漢班固撰

趙后外傳一卷　題漢伶玄撰

海山記一卷

迷樓記一卷

開河記一卷

六朝事迹編類二卷　宋張敦頤撰

世家

晉史乘一卷

楚史檮杌一卷

越絕書十五卷　漢會稽袁康撰

吳越春秋六卷　漢山陰趙曄撰　元徐

天祜音注

華陽國志十二卷　晉常璩撰

列傳

高士傳三卷　晉皇甫謐撰

列仙傳二卷　題漢劉向撰

劍俠傳四卷

神僧傳九卷　明成祖朱棣撰

本事詩一卷　唐孟棨撰

續齊諧記一卷　題梁吳興吳均撰

博異記一卷　唐鄭還古撰

集異記一卷　唐薛用弱撰

遼志一卷　宋葉隆禮撰

金志一卷　題宋宇文懋昭撰

松漠紀聞一卷　宋洪皓撰

十行二十字　左右雙邊　白口

20×13.7 釐米

浙圖　天一閣*

叢0043

祕冊彙函一百四十三卷

明秀水沈士龍、海鹽胡震亨編

明萬曆(1573—1620)刻本

存四十二卷

搜神後記十卷　題晉陶潛撰

周氏冥通記三卷　梁陶弘景撰

齊民要術十卷　北魏賈思勰撰

錄異記八卷　前蜀杜光庭撰

東京夢華錄十卷　宋孟元老撰

佛國記一卷　晉釋法顯撰

九行十八字　左右雙邊　白口

19×13.4 釐米

杭圖*　天一閣*

叢0044

格致叢書□□□卷

明錢塘胡文煥編

明萬曆(1573—1620)胡氏文會堂刻本

存二百二十二卷

新刻爾雅三卷　晉郭璞注

新刻小爾雅一卷　宋宋咸注

新刻爾雅翼三十二卷　宋羅願撰

新刻埤雅二十卷　宋山陰陸佃撰

新刻廣雅十卷　魏張揖撰

新刻佩觿三卷考異一卷辨證一卷　宋郭忠

恕撰

新刻戴氏鼠璞二卷　宋戴埴撰

新刻文會堂琴譜六卷　明錢塘胡文煥撰

存二卷　一至二

新刻古器具名二卷古器總説一卷　明錢塘

胡文煥撰

新刻古今原始十五卷　明趙釴撰

新刻字學備考四卷　明錢塘胡文煥撰

新刻干祿字書一卷　唐顏元孫撰

新刻士範一卷

新刻二南密旨一卷　唐賈島撰

彙編叢書

新刻評詩格一卷　唐李嶠撰

新刻詩評一卷　宋釋景淳撰

新刻詩要格律一卷　明王夢簡撰

新刻詩品一卷　梁鍾嶸撰

新刻中序一卷　唐釋皎然撰

新刻王少伯詩格一卷　唐王昌齡撰

新刻詩地理考六卷　宋鄞縣王應麟輯

新刻詩法正宗一卷　元揭傒斯撰

新刻詩學禁臠一卷　元范梈撰

新刻詩法家數一卷　元楊載撰

新刻字學源流一卷　明呂道爔撰

新刻續書譜一卷　宋姜夔撰

新刻書斷四卷

新刻諸子緒要二卷　明錢塘胡文煥撰

新刻文苑詩格一卷　唐白居易撰

新刻詩議一卷　唐釋皎然撰

新刻詩中旨格一卷　明王玄撰

新刻雅道機要一卷　明徐寅撰

新刻六言詩集一卷　明錢塘胡文煥撰

新刻詩式一卷　唐釋皎然撰

新刻事物記原十卷目錄二卷　宋高承撰

新刻梅氏詩評一卷　宋梅堯臣撰

新刻詩宗正法眼藏一卷　元揭傒斯撰

新刻談藝錄一卷　明徐禎卿撰

新刻文會堂詞韻二卷附一卷　明錢塘胡文
　煥撰

新刻書法三昧一卷　元虞集撰

新刻古字便覽一卷　元虞集撰

新刻墨池璸錄四卷　明楊慎撰

新刻魏文帝詩格一卷　魏文帝曹丕撰

新刻金針詩格一卷　唐白居易撰

新刻流類手鑑一卷　明釋虛中撰

新刻炙轂子詩格一卷　明王叡撰

新刻文錄一卷　宋唐庚撰

新刻處囊訣一卷　宋釋保暹撰

新刻詩學規範一卷　宋張鑑撰

新刻續全針詩格一卷　宋梅堯臣撰

新刻木天禁語一卷　元范梈撰

新刻詩文要式一卷　明錢塘胡文煥撰

新刻禪宗旨要二卷　明周滿撰

新刻胡氏詩識三卷　明錢塘胡文煥輯

新刻釋名八卷　漢劉熙撰

新刻詩中密旨一卷　唐王昌齡撰

新刻絕代語釋別國方言十三卷　漢揚雄撰
　晉郭璞注

新刻格古要論五卷　明曹昭撰　明王佐增
　輯

新刻相字心法一卷

新刻忠經詩訓便蒙一卷　明黃應鵬撰

新刻性理字訓一卷　明程若庸撰

新刻洞天清錄一卷　宋趙希鵠撰

新刻寶貨辨疑一卷

新刻袖中錦一卷　宋太平老人撰

新刻香譜二卷　宋洪芻撰

新刻南方草木狀三卷　晉嵇含撰

新刻胡氏詩識三卷　明錢塘胡文煥輯

新刻釋常談三卷

新刻古今碑帖攷一卷　宋朱長文撰

新刻宜齋野乘一卷　宋吳枋撰

新刻資暇集三卷　唐李匡乂撰

新刻三餘贅筆一卷　明都卬撰

新刻芥隱筆記一卷　宋遂昌龔頤正撰

新刻北户錄二卷　唐段公路撰

新刻溪蠻叢笑一卷　宋朱輔撰

十行二十字　左右雙邊　白口

19.5×14釐米

浙圖＊　杭圖＊　溫圖＊　天一閣＊　杭博＊
玉海樓＊　浙大＊

叢0045

百家名書二百二十三卷

　明錢塘胡文煥編

　明萬曆（1573—1620）胡氏文會堂刻本

存五卷

　新刻通天竅六十年圖一卷　明胡經撰

　新刻星學樞要二卷　明錢塘胡文煥撰

　新刻繪事指蒙一卷　明鄒德中撰

　新刻圖畫要略一卷　明朱凱撰

　十行二十字　左右雙邊　白口

19.8×14釐米

杭圖＊　紹圖＊　天一閣＊

叢0046

壽養叢書七十二卷

　明錢塘胡文煥編

明萬曆(1573—1620)胡氏文會堂刻本
存五十九卷

> 新刻三元參贊延壽書四卷首一卷
> 新刻厚生訓纂六卷　明周臣撰
> 新刻養生月覽二卷　宋周守中撰
> 新刻養生類纂二卷　宋周守中撰
> 新刻攝生集覽一卷
> 新刻壽親養老書一卷　宋陳直撰
> 新刻山居四要五卷　元汪汝懋撰
> 新刻食物本草二卷　明東陽盧和撰
> 新刻食鑑本草二卷　明寧源撰
> 新刻養生食忌一卷
> 新刻幼幼集三卷　□孟繼孔撰
> 新刻藥證類明二卷
> 新刻救荒本草二卷　明錢塘胡文煥輯
> 新刻醫學便覽四卷　□解禎撰
> 新刻醫學權輿一卷
> 新刻褚氏遺書一卷　南齊褚澄撰
> 新刻心印紺珠經二卷
> 新刻靈樞心得二卷　明錢塘胡文煥輯
> 新刻素問心得二卷　明錢塘胡文煥輯
> 新刻丹房百問一卷　宋丘江山撰
> 新刻參真圖要一卷　明錢塘胡文煥輯
> 新刻採真機要三卷　明魯至剛撰
> 新刻應急良方一卷　明錢塘胡文煥輯
> 新刻亢倉子洞靈真經一卷
> 新刻天隱子一卷　唐司馬承禎撰
> 新刻怪證奇方二卷雜錄一卷　□李樓輯
> 新刻玄髓一卷　明錢塘胡文煥輯
> 新刻長春劉真人語錄一卷　明邵以正輯

十行二十字　左右雙邊　白口

19.1×13.4 釐米

浙圖＊　天一閣＊　中醫研院＊

叢0047

蕭天民手錄五稿五卷

明蕭逸編

明末藍格抄本

> 仙里塵談一卷　明林有麟輯
> 客座贅語一卷　題明迤園居士輯
> 廣志繹一卷　明王士性撰
> 尺牘青蓮鉢一卷　明何偉然撰

> 閑窗摘錄春浮園別集一卷　明蕭士瑋撰

天一閣

叢0048

尚白齋鐫陳眉公訂正祕笈四十九卷

明陳繼儒編

明萬曆三十四年(1606)秀水沈氏尚白齋
刻本

> 玉照新志六卷　宋王明清撰
> 宋周公瑾雲烟過眼錄四卷　宋周密撰
> 雲烟過眼續錄一卷　元湯允謨撰
> 陳眉公重訂學古編一卷　元錢塘吾丘衍撰
> 筆疇二卷　明王達撰
> 陳眉公重訂書品一卷　梁庾肩吾撰
> 樂郊私語一卷　元姚桐壽撰
> 清暑筆談一卷　明陸樹聲撰
> 貧士傳二卷　明黃姬水撰
> 焚椒錄一卷　遼王鼎撰
> 陳眉公重訂歸有園塵談一卷　明徐學謨撰
> 娑羅館清言二卷　明鄞縣屠隆撰
> 娑羅館逸稿二卷　明鄞縣屠隆撰
> 續娑羅館清言一卷　明鄞縣屠隆撰
> 冥寥子游二卷　明鄞縣屠隆撰
> 甲乙剩言一卷　明蘭溪胡應麟撰
> 新刻陳眉公重訂廣莊一卷　明袁宏道撰
> 陳眉公重訂瓶史一卷　明袁宏道撰
> 寶顏堂訂正偶譚一卷　明李鼎撰
> 陳眉公重訂野客叢書十二卷附錄一卷　宋
> 　王楙撰
> 陳眉公考槃餘事四卷　明鄞縣屠隆撰

八行十八字　四周單邊　白口

20.3×12.5 釐米

浙圖＊　杭圖＊　上虞圖　天一閣

叢0049

寶顏堂續祕笈一百卷

明陳繼儒編

明萬曆(1573—1620)秀水沈氏尚白齋刻
本

> 陳眉公訂正尚書故實一卷　唐李綽撰
> 陳眉公訂正南唐近事一卷　宋鄭文寶撰
> 寶顏堂訂正朱文公政訓一卷　宋朱熹撰

寶顏堂訂正真西山政訓一卷　宋真德秀撰

寶顏堂訂正談苑四卷　宋孔平仲撰

寶顏堂訂正荊溪林下偶談四卷　宋吳子良
　撰

寶顏堂訂正桂苑叢談一卷　唐馮翊撰

陰符經解一卷

元始上真衆仙記一卷　晉葛洪撰

寶顏堂訂正後山談叢四卷　宋陳師道撰

寶顏堂訂正無上秘要一卷

寶顏堂訂正省心錄一卷　宋林逋撰

陳眉公訂正觚不觚錄一卷　明王世貞撰

鶴山渠陽讀書雜抄二卷　宋魏了翁撰

寶顏堂訂正脈望八卷　明趙台鼎撰

寶顏堂訂正賢奕四卷　明劉元卿撰

煮泉小品一卷　明錢塘田藝蘅撰

大學士高中玄公伏戎紀事一卷　明高拱撰

刻皇明吳郡丹青志一卷　明王穉登撰

寶顏堂訂正畫說一卷　明莫是龍撰

寶顏堂訂正次柳氏舊聞一卷　唐李德裕撰

寶顏堂訂正谿山餘話一卷　明陸深撰

寶顏堂訂正耄餘雜識一卷　明陸樹聲撰

寶顏堂訂正西堂日記一卷　明楊豫孫撰

寶顏堂訂正知命錄一卷　明陸深撰

寶顏堂訂正樂府指迷二卷　宋臨安張炎、元
　陸友仁撰

寶顏堂訂正疑仙傳一卷　宋王簡撰

寶顏堂訂正可談一卷　宋朱彧撰

寶顏堂訂正玉堂漫筆一卷　明陸深撰

陳眉公訂正蜀都雜抄一卷　明陸深撰

寶顏堂訂正四夷考八卷　明葉向高撰

寶顏堂訂正集異志四卷　唐陸勳撰

寶顏堂訂正慎言集訓二卷　明敖英輯

寶顏堂訂正鼎錄一卷　梁虞荔撰

陳眉公訂正古奇器錄一卷附江東藏書目錄
　小序一卷　明陸深撰

寶顏堂眢觀瑣言三卷　明鄭瑗撰

鄭省齋蜩笑偶言一卷　明鄭瑗撰

寶顏堂訂正長松茹退二卷　明釋真可撰

新刻寶顏堂虎薈六卷　明陳繼儒撰

寶顏堂訂正羅湖野錄四卷　宋釋曉瑩撰

觸政一卷　明袁宏道撰

寶顏堂訂正吳社編一卷　明王穉登撰

寶顏堂訂正願豐堂漫書一卷　明陸深撰

寶顏堂訂正金臺紀聞一卷　明陸深撰

寶顏堂訂正長水日抄一卷　明陸樹聲撰

寶顏堂訂正寤言一卷　明陸樹聲撰

大司寇蕭岳峰公夷俗記一卷　明蕭大亨撰

寶顏堂訂正三事遡真一卷　明李豫亨撰

銷夏四卷　明陳繼儒撰

辟寒部四卷　明陳繼儒撰

八行十八字　四周單邊　白口

20.3×12.5 釐米

浙圖⊕　嘉圖⊕　上虞圖　天一閣✳

叢0050

亦政堂鐫陳眉公家藏廣祕笈一百三卷

　明陳繼儒編

　明萬曆（1573—1620）秀水沈氏尚白齋刻
　本

存一百一卷

寶顏堂訂正兩同書二卷　唐羅隱撰

寶顏堂訂正羯鼓錄一卷　唐南卓撰

寶顏堂訂正荊楚歲時記一卷　梁宗懍撰

寶顏堂訂正丙丁龜鑑六卷續錄一卷　宋江
　山柴望撰　缺二卷　二至三

滄浪嚴先生詩談一卷　宋嚴羽撰

陳眉公訂正遊城南記一卷　宋浙江張禮撰

陳眉公訂正入蜀記四卷　宋山陰陸游撰

高寄齋訂正吳船錄二卷　宋范成大撰

陳眉公訂正楓窗小牘二卷　宋袁褧撰　宋
　袁頤續

寶顏堂訂正鶴山渠陽經外雜抄二卷　宋魏
　了翁撰

寶顏堂訂正物類相感志一卷　題宋蘇軾撰

陳眉公訂正還冤志一卷　北齊顏之推撰

寶顏堂訂正正朔考一卷　宋魏了翁撰

寶顏堂訂正古今考一卷　宋魏了翁撰

陳眉公訂正風月堂詩話二卷　宋朱弁撰

陳眉公訂正文則二卷　宋陳騤撰

高寄齋訂正武林舊事六卷　宋周密撰

寶顏堂後集武林舊事五卷　宋周密撰

寶顏堂訂正老子解四卷　宋蘇軾撰

寶顏堂訂正貴耳集二卷　宋張端義撰

寶顏堂訂正王氏談錄一卷　宋王洙撰

寶顏堂訂正海內十洲記一卷　題漢東方朔

撰

農田餘話二卷　題明長谷真逸撰

實顏堂訂正歲華紀麗譜一卷　元費著撰

牋紙譜一卷　元費著撰

蜀錦譜一卷　元費著撰

實顏堂訂正庚申外史二卷　明權衡撰

實顏堂訂正玉峰先生脚氣集二卷　宋車若
　水撰

化書六卷　五代譚峭撰

實顏堂訂正傳疑錄一卷　明陸深撰

實顏堂訂正春風堂隨筆一卷　明陸深撰

實顏堂訂正燕閒錄一卷　明陸深撰

亦政堂訂正讀書筆記一卷　明祝允明撰

亦政堂訂正意見一卷　明陳于陛撰

薛文清公從政錄一卷　明薛瑄撰

陳眉公訂正海槎餘錄一卷　明顧岕撰

實顏堂訂正東谷贅言二卷　明敖英撰

實顏堂訂正丹鉛續錄八卷　明楊慎撰

刻皆春居士飲食紳言一卷　題明龍遵敘撰

刻皆春居士男女紳言一卷　題明龍遵敘撰

實顏堂訂正閩部疏一卷　明王世懋撰

高寄齋訂正學圃雜疏一卷　明王世懋撰

高寄齋訂正缾花譜一卷　明張謙德撰

實顏堂訂正汲古叢語一卷　明陸樹聲撰

蟫衣生馬記一卷　明郭子章撰

蟫衣生劍記一卷　明郭子章撰

實顏堂訂正雨航雜錄二卷　明馮時可撰

邵康節先生外紀四卷　明陳繼儒撰

實顏堂訂正鼃采館清課二卷　明費元祿撰

戊申立春考證一卷　明邢雲路撰

實顏堂訂正金丹四百字解一卷　明張伯端
　撰

高寄齋訂正友論一卷　意大利利瑪竇撰

實顏堂訂正木几冗談一卷　明彭汝讓撰

實顏堂訂正席上腐談二卷　宋俞琰撰

八行十八字　四周單邊　白口

20.5×12.6 釐米

浙圖＊　嘉圖＊　上虞圖＊

叢 0051

亦政堂鐫陳眉公普祕笈一集八十八卷
　明陳繼儒編

明萬曆（1573—1620）刻本

存八十五卷

陳眉公訂正朝野僉載六卷　唐張鷟撰

毛詩草木鳥獸蟲魚疏二卷　吳陸璣撰

亦政堂訂正別國洞冥記一卷　題漢郭憲撰

陳眉公訂正三輔黃圖二卷　漢□□撰

陳眉公訂正卓異記一卷　唐李翺撰

陳眉公訂正臥游錄一卷　宋金華呂祖謙撰

陳眉公訂正孔氏雜說四卷　宋孔平仲撰

實顏堂訂正春渚紀聞六卷　宋何薳撰

陳眉公訂正問答錄一卷　宋蘇軾撰

陳眉公訂正漁樵閑話錄一卷　宋蘇軾撰

陳眉公訂正洛陽名園記一卷　宋李格非撰

捫虱新話四卷　宋陳善撰

陳眉公訂正驂鸞錄一卷　宋范成大撰

陳眉公訂正攬轡錄一卷　宋范成大撰

陳眉公訂正麟書一卷　宋汪若海撰

陳眉公訂正曲洧舊聞四卷　宋朱弁撰

陳眉公訂正震澤長語二卷　明王鏊撰

陳眉公訂正農說一卷　明馬一龍撰

陳眉公訂正遊名山記四卷　明都穆撰

召對錄一卷　明申時行撰

秋圃擷餘一卷　明王世懋撰

陳眉公訂正茶寮記一卷　明陸樹聲撰

陳眉公訂正許然明先生茶疏一卷　明許次
　紓撰

實顏堂訂正真珠船八卷　明胡侍撰

亦政堂訂正古今印史一卷　明徐官撰

實顏堂訂正同異錄二卷　明陸深撰　存一
　卷　下

駢語雕龍四卷　明游日章撰　明林世勤注

高寄齋訂正會仙女誌一卷　明會稽酈琥撰

孝經一卷

虞子集靈節略一卷　明錢塘虞淳熙撰

孝經引證一卷　明楊起元撰

孝經宗旨一卷　明羅汝芳述　明楊起元記

陳眉公訂正祈嗣真詮一卷　明嘉善袁黃撰

明眉公訂正備倭圖記一卷　明卜大同撰

陳眉公訂正薛方山紀述一卷　明薛應旂撰

陳眉公訂正祐山雜說一卷　明馮汝弼撰

聖學範圍圖說一卷　明嘉興岳元聲撰

陳眉公先生訂正冬官紀事一卷　明賀仲軾
　撰

陳眉公訂正研北雜志二卷　元陸友撰

聽心齋客問一卷　明萬尚文撰

陳眉公訂正畫禪一卷　明釋蓮儒撰

陳眉公訂正金華游錄一卷　宋謝翱撰

陳眉公訂正渾然子一卷　明張翀撰

高竒齋訂正方洲雜言一卷　明張寧撰

陳眉公訂正玉笑零音一卷　明錢塘田藝蘅
　撰

酒史二卷　明馮時化撰　存一卷　下

陳眉公訂正幽閑鼓吹一卷　唐張固撰

遼陽圖記一卷

陳眉公訂正剿奴議撮一卷　明于燕芳撰

　八至九行十八至十九字　四周單邊　白口

19.7×12.7釐米

浙圖*　上虞圖　天一閣*

叢 0052

寶顏堂彙祕笈八十六卷

　明陳繼儒編

　明萬曆(1573—1620)刻本

存七十卷

　　陳眉公訂正清異錄四卷　宋陶穀撰

　　寶顏堂訂正道德寶章一卷　宋白玉蟾注

　　寶顏堂訂正兼明書五卷　唐丘光庭撰

　　寶顏堂訂正靖康緗素雜記十卷　宋黃朝英
　　　撰

　　陳眉公訂正世範三卷　宋袁采撰

　　鍾呂二仙傳一卷　明黃魯曾撰

　　金丹詩訣二卷　題唐呂巖撰

　　陳眉公訂正韓仙傳一卷　題唐韓若雲撰

　　寶顏堂訂正衍極一卷　元鄭杓撰

　　周易尚占三卷　元李道純撰

　　陳眉公訂正海語三卷　明黃衷撰

　　刻楊升菴先生異魚圖贊四卷　明楊慎撰

　　江隣幾雜志一卷　宋江休復撰

　　亦政堂訂正讕言長語二卷　明曹安撰

　　陰符經解一卷　明焦竑撰

　　支談三卷　明焦竑撰

　　先進遺風二卷　明耿定向撰　明毛在增補

　　陳眉公訂正夢溪補筆談二卷　宋錢塘沈括
　　　撰

　　見聞紀訓一卷　明安吉陳良謨撰

方洲先生奉使錄二卷　明張寧撰

陳眉公訂正黃帝祠額解一卷　明李維楨撰

天目游紀一卷　明錢塘黃汝亨撰

游喚一卷　明山陰王思任撰

黃白鏡一卷續一卷　明李文燭撰

田居乙記四卷　明方大鎮撰

陳眉公訂正一庵雜問錄一卷　明歸安唐樞
　撰

碧里雜存一卷　明海鹽董穀撰

陳眉公訂正夷俗考一卷　宋浦江方鳳撰

陳眉公訂正燕市雜詩一卷　明于燕芳撰

陳眉公訂正物異考一卷　宋浦江方鳳撰

陳眉公訂正建州女直考一卷　明天都山臣
　撰

陳眉公訂正文湖州竹派一卷　題明釋蓮儒
　撰

泉南雜志二卷　明陳懋仁撰

　八至九行十八至二十一字　四周單邊　白口

19.8×13.6釐米

天一閣

叢 0053

寶顏堂彙祕笈八十六卷

　明陳繼儒編

　明萬曆(1573—1620)刻清重修本

存八十二卷

　　陳眉公訂正清異錄四卷　宋陶穀撰

　　寶顏堂訂正道德寶章一卷　宋白玉蟾注

　　寶顏堂訂正兼明書五卷　唐丘光庭撰

　　寶顏堂訂正靖康緗素雜記十卷　宋黃朝英
　　　撰

　　陳眉公訂正世範三卷　宋袁采撰

　　鍾呂敘傳一卷　明黃魯曾撰

　　金丹詩訣二卷　題唐呂巖撰

　　南嶽遇師本末一卷　宋夏元鼎撰

　　陳眉公訂正韓仙傳一卷　題唐韓若雲撰

　　寶顏堂訂正衍極一卷　元鄭杓撰

　　新鎸校評葛稚川內篇四卷外篇四卷　晉葛
　　　洪撰

　　周易尚占三卷　元李道純撰

　　陳眉公訂正畫品一卷　宋李廌撰

　　明誠意伯連珠一卷　明青田劉基撰

陳眉公訂正春雨雜述一卷　明解縉撰

陳眉公訂正海語三卷　明黃衷撰

刻楊升菴先生異魚圖贊四卷　明楊慎撰

江鄰幾雜誌一卷　宋江休復撰

亦政堂訂正讕言長語二卷　明曹安撰

陰符經解一卷　明焦竑撰

支談三卷　明焦竑撰

問奇集一卷　明張位撰

祝子小言一卷　明祝世祿撰

先進遺風二卷　明耿定向撰　明毛在增補

陳眉公訂正夢溪補筆談二卷　宋錢塘沈括
　撰

見聞紀訓一卷　明安吉陳良謨撰

方洲先生奉使錄二卷　明張寧撰

陳眉公訂正黃帝祠額解一卷　明李維楨撰

天目遊紀一卷　明錢塘黃汝亨撰

游喚一卷　明山陰王思任撰

黃白鏡一卷續一卷　明李文燭撰

田居乙記四卷　明方大鎮撰　存一卷　一

陳眉公訂正一庵雜問錄一卷　明歸安唐樞
　撰

新鋟煙波釣徒奇門定局一卷　題明青田劉
　基撰

亦政堂訂正瀛涯勝覽一卷　明會稽馬歡撰

陳眉公訂正建州女直考一卷　明天都山臣
　撰

陳眉公訂正燕市雜詩一卷　明于燕芳撰

陳眉公訂正物異考一卷　宋浦江方鳳撰

陳眉公訂正夷俗考一卷　宋浦江方鳳撰

陳眉公訂正文湖州竹派一卷　題明釋蓮儒
　撰

泉南雜志二卷　明陳懋仁撰

八至九行十八至二十一字　四周單邊　白口

19.8×13.6 釐米

上虞圖

叢0054

重刻合併官常政要全書五十卷

　明崇禎（1628—1644）金陵書坊唐錦池、
　唐惠疇刻增修本

　重刻初仕錄一卷　明吳遵撰

　初仕要覽一卷

重刻聖朝欽定各項新官到任儀註一卷拾遺
　一卷

新官軌範一卷

新刻法家衰集二卷

新刻招擬假如行移體式四卷

新刻爲政九要一卷

重修問刑條例題稿一卷　明舒化等撰

問刑條例七卷　明舒化等撰

洗冤錄一卷　宋宋慈撰

無冤錄一卷

平冤錄一卷

新刻牧民忠告一卷　元張養浩撰

新刻牧民政要一卷

新刻呂氏官箴一卷　宋呂本中撰

新鋟文移選要二卷

重刻官員品級考二卷

重刻律條告示活套二卷

新纂四六合律判語二卷

重刻孔部元法題四六參語二卷　明孔貞運
　撰

重刻釋音參審批駁四語活套四卷　明蕭良
　泮等輯　明康應乾注

新纂四六讞語一卷　明孔恒撰

國子先生璞山蔣公政訓一卷　明蔣廷璧撰

居官格言一卷

新刻居官必要爲政便覽二卷

新刻廟堂忠告一卷　元張養浩撰

新刻風憲忠告一卷　元張養浩撰

當官日鏡二卷　□沈大德撰

新刻書簾緒論一卷　宋胡太初撰

十二行二十四字　四周單邊　白口

22.7×13.4 釐米

浙圖

叢0055

三注鈔十六卷

　明鍾惺編

　明萬曆四十五年（1617）刻本

　　三國志注鈔八卷

　　水經注鈔六卷

　　世說新語注鈔二卷

九行十九字　四周單邊　白口

21×14.8 釐米

浙圖

叢 0056

秘書九種六十六卷

　　明鍾惺編

　　明刻本

存十四卷

　　　白虎通德論四卷　漢班固撰

　　　風俗通義十卷　漢應劭撰

　　九行二十五字　四周單邊　白口

　　21×12.4 釐米

浙圖 *　浙大 *

叢 0057

采昭堂秘書史拾十四卷附四卷

　　明鍾惺編

　　明末刻本

存附三卷

　　　占候抄一卷　明仁和吳弘基撰

　　　金壺字攷一卷　宋王雱撰

　　　字書誤讀一卷　宋釋適之撰

　　八行二十字　左右雙邊　白口

　　19×12.8 釐米

天一閣

叢 0058

文苑三絕□卷

　　明萬曆四十六年(1618)刻本

存四卷

　　　楚辭二卷

　　　檀孟批點二卷　宋謝枋得批點　明楊慎注

　　九行十九字　四周單邊　白口

　　23×15.5 釐米

餘杭圖

叢 0059

類編古今名賢匯語二十二卷

　　明熊宗立編

　　明隆慶五年(1571)熊宗立刻本

存二十卷

　　　客座新聞一卷　明沈周撰

　　　閒中今古錄一卷　明黃溥撰

　　　志怪錄一卷　明祝允明撰

　　　綠雪亭雜言一卷　明敖英撰

　　　莘野纂聞一卷　明伍餘福撰

　　　枝山前聞一卷　明祝允明撰

　　　涉異錄一卷　明閔文振撰

　　　百可漫志一卷　明陳蕭撰

　　　近峰聞略一卷　明皇甫錄撰

　　　畜德錄　卷　明鄞縣陳沂撰

　　　三餘贅筆一卷　明都印撰

　　　駒陰冗記一卷　明闕壯撰

　　　聽雨紀談一卷　明都穆撰

　　　西京雜記一卷　明楊穆撰

　　　仰山脞錄一卷　明閔文振撰

　　　中洲野錄一卷　明程文憲撰

　　　續已編一卷　明仁和郎瑛撰

　　　蘇談一卷　明楊循吉撰

　　　寓圃雜記一卷　明王錡撰

　　　可齋雜記一卷　明彭時撰

　　十行二十三字　四周單邊　白口

天一閣

叢 0060

天學初函理編二十三卷器編三十二卷

　　明仁和李之藻編

　　明崇禎(1628—1644)刻本

存器編六卷

　　　表度說一卷　意大利熊三拔授　明周子愚、
　　　　卓爾康記

　　　天問略一卷　葡萄牙陽瑪若撰

　　　簡平儀說一卷　意大利熊三拔撰　明徐光
　　　　啓記

　　　同文算指前編二卷通編八卷　意大利利瑪
　　　　竇授　明仁和李之藻演　通編存卷一

　　十行二十二字　四周雙邊　白口

　　21.7×14.7 釐米

天一閣

叢 0061

閔刻書十種三十卷

　　明吳興閔元衢編

明萬曆(1573—1620)閔元衢刻本

見聞紀訓二卷　明安吉陳良謨撰

游名山記四卷　明都穆撰

歐餘漫錄十三卷附錄一卷　明吳興閔元衢撰

增定玉壺冰二卷補一卷　明都穆撰

書肆說鈴二卷　明西安葉秉敬撰

草堂賡詠一卷　題明遐周氏輯

文字藥一卷　明西安葉秉敬撰

坐塵轉語一卷　明西安葉秉敬撰

咫園吟一卷　明吳興閔元衢撰

貝典雜說一卷　明西安葉秉敬撰

八行十八字　四周單邊　白口

20.5×13.4釐米

天一閣

叢0062

合刻周秦經書十種二十八卷

明錢塘盧之頤編

明崇禎(1628—1644)溪香書屋刻本

存三種五卷

檀弓記二卷　題宋謝枋得評點　明楊慎註

考工記二卷　漢鄭玄註

孟子二卷　宋蘇洵評點　存一卷　下

九行二十字　四周單邊　白口

20.5×14.7釐米

紹圖＊　天一閣＊

叢0063

快書五十種

明閔景賢編

明天啓六年(1626)快雪堂刻本

存三十三卷

秋濤一卷　明王聖俞撰

光明藏一卷　明倪允昌撰

晉塵一卷　明楊夢袞撰

螢燈一卷　題明無如子撰

月鏡一卷

譚略一卷　明張鳳翼撰

白雲梯一卷　明李何事撰

驚筵辨一卷　明張虞侯撰

鑑古瑣譚一卷　明徐以清撰

黃辭一卷　明黃俞言撰

綠雪亭雜言一卷　明敖英撰

竹窗合筆一卷　明釋袾宏撰

雅述一卷　明王廷相撰

枕餘一卷　明徐汝廉撰

存論一卷　題明天台野人撰

環碧齋小言一卷　明祝世祿撰

玉振一卷　明昌巖撰

郎川答問一卷　明余常吉撰

頂門針一卷　明徐卷石撰

德山暑譚一卷　明袁宏道撰

閑情十二憮一卷　明蘇士琨撰

鴛鴦譜一卷　清衛泳撰

姝聯一卷　宋周守忠撰

惑溺供一卷　明林□撰

雙門調一卷　明鄭元夫撰

交友觀一卷　明吳從先撰

七幅菴一卷　明傅汝舟撰

九發一卷　明支華平撰

錢罥一卷　明支華平撰

客齋使令一卷　明俞蜜僧撰

雅俗辨一卷　明黃孟威撰

弈律一卷　明山陰王思任撰

五嶽臥遊一卷　明俞瞻白撰

八行十八字　四周單邊　白口

21.4×15釐米

浙圖

叢0064

薈古介書前集十八卷後集十卷

明邵闇生編

明天啓七年(1627)刻本

前集

大學古本一卷

大學石經古本一卷

古三墳一卷

穆天子傳一卷　晉郭璞注

爾雅一卷　晉郭璞注

麟書一卷　宋汪若海撰

山海經圖讚一卷　晉郭璞撰

元包一卷　北周衛元嵩撰

參同契三卷　漢上虞魏伯陽撰

逸詩一卷論語會心詩一卷　明錢塘胡文
　煥輯
天官書一卷
南華逸篇一卷
楚衡嶽神禹碑文一卷
漢滕公石椁銘一卷
吳季公碑一卷
後集
史旬一卷
史遺一卷
左逸一卷
小易一卷
宿凡一卷
讄神一卷
握奇經一卷
奇門賦專征一卷奇門數略一卷
勝義諦一卷
九行二十字　左右雙邊　白口
20.3×14.1 釐米
浙圖＊　天一閣

叢 0065
宋三大臣彙志二十一卷
明鄭鄤編
明崇禎元年(1628)大觀堂刻本
存十二卷
宋丞相韓忠獻公家傳十二卷
宋忠獻韓魏王君臣相遇傳十卷
宋忠獻韓魏王君臣相遇別錄一卷
宋忠獻韓魏王君臣相遇遺事一卷
九行十八字　四周單邊　白口
20.4×14.3 釐米
杭圖

叢 0066
璅探十卷
明李蓘編
明崇禎三年(1630)淮南李氏刻本
雲林遺事一卷　明顧元慶撰
聯句詩紀一卷　明楊循吉撰
往哲錄一卷　明楊循吉撰
避戎夜話一卷　宋石茂良撰

琅琊漫抄一卷　明文林撰
二科志一卷　明閻秀卿撰
西征記一卷　宋盧襄撰
稗傳一卷　元徐顯撰
存餘堂詩話一卷　明朱承爵撰
聽雨紀談一卷　明都穆撰
九行二十字　四周單邊　白口
20.5×14.3 釐米
天一閣

叢 0067
漢魏別解十六卷
明黃澍、吳興葉紹泰編
明崇禎十一年(1638)武林香谷山房刻本
兩漢文
卷一
吳越春秋　漢山陰趙曄撰
越絕書　漢會稽袁康撰
卷二
素書
新語　漢陸賈撰
孔叢子　題漢孔鮒撰
新書　漢賈誼撰
韓詩外傳　漢韓嬰撰
卷三
鴻烈解
卷四
春秋繁露　漢董仲舒撰
大戴禮記　漢戴德撰
卷五
說苑　漢劉向撰
法言　漢揚雄撰
新序　漢劉向撰
卷六
白虎通　漢班固撰
論衡　漢上虞王充撰
卷七
鹽鐵論　漢桓寬撰
潛夫論　漢王符撰
忠經　漢馬融撰
卷八
風俗通　漢應劭撰

天祿閣外史　題漢黄憲撰

昌言　漢仲長統撰

獨斷　漢蔡邕撰

後漢三國文

卷九

中論　漢徐幹撰

申鑒　漢荀悦撰

人物志　漢劉邵撰

卷十

心書　題蜀諸葛亮撰

曹子建集　魏曹植撰

阮嗣宗集　魏阮籍撰

嵇中散集　魏嵇康撰

兩晉文

卷十一

汲冢周書

陸士衡集　晉陸機撰

潘黄門集　晉潘岳撰

卷十二

抱朴子　晉葛洪撰

易略例　魏王弼撰

陶淵明集　晉陶潛撰

南北朝文

卷十三

謝康樂集　劉宋謝靈運撰

昭明太子集　梁蕭統撰

江文通集　梁江淹撰

任彦升集　梁任昉撰

陶通明集　梁陶弘景撰

卷十四

文心雕龍　梁劉勰撰

家訓　北齊顏之推撰

卷十五

石匏子新論　北齊劉晝撰

徐孝穆集　陳徐陵撰

卷十六

庾子山集　北周庾信撰

中説　隋王通撰

元經傳　唐薛收撰

九行二十六字　四周單邊　白口

21.5×12.4 釐米

浙大

叢0068

津逮秘書十五集七百五十六卷

明毛晉編

明崇禎（1628—1644）毛氏汲古閣刻本

第一集

詩序辨説一卷　宋朱熹撰

詩傳孔氏傳一卷

詩説一卷　漢申培撰

詩外傳十卷　漢韓嬰撰

毛詩草木鳥獸蟲魚疏廣要四卷　明毛晉
撰

詩攷一卷　宋鄞縣王應麟撰

詩地理攷六卷　宋鄞縣王應麟撰

爾雅三卷　宋鄭樵注

第二集

京氏易傳三卷　漢京房撰　吳陸績注

關氏易傳一卷　題北魏關朗撰　唐趙蕤
注

蘇氏易傳九卷　宋蘇軾撰

焦氏易林四卷　漢焦延壽撰

周易集解十七卷　唐李鼎祚撰

易釋文一卷　唐陸德明撰

周易集解略例一卷　魏王弼撰　唐邢璹
注

元包經傳五卷　北周衛元嵩撰　唐蘇源
明、李江注

元包數總義二卷　宋張行成撰

周易舉正三卷　唐郭京撰

麻衣道者正易心法一卷

第三集

通鑑地理通釋十四卷　宋鄞縣王應麟撰

通鑑問疑一卷　宋劉義仲撰

小學紺珠十卷　宋鄞縣王應麟撰

齊民要術十卷雜説一卷　北魏賈思勰撰

急就篇四卷　漢史游撰　唐顏師古注
宋鄞縣王應麟音釋

漢制攷四卷　宋鄞縣王應麟撰

第四集

佛説四十二章經一卷　漢釋迦葉摩騰、釋
竺法蘭譯　宋釋守遂注

道德指歸論六卷　題漢嚴遵撰

青烏先生葬經一卷　金兀欽仄注

附

　葬經翼一卷　明繆希雍撰

　古本葬經内篇一卷　金兀欽仄注

　葬圖一卷

　難解二十四篇一卷

周髀算經二卷　題漢趙爽注　北周甄鸞

　重述　唐李淳風等注釋　音義一卷

　宋李籍撰

數術記遺一卷　漢徐岳撰　北周甄鸞汪

古文參同契集解三卷箋註集解三卷　漢

　上虞魏伯陽撰　明蔣一彪輯

三相類集解二卷　後漢于叔通補遺　明

　蔣一彪輯

黃帝授三子玄女經一卷

胎息經一卷　題幻真先生注

風后握奇經一卷　漢公孫弘注　握奇經

　續圖一卷　八陣總述一卷　題晉馬隆

　撰

耒耜經一卷　唐陸龜蒙撰

五木經一卷　唐李翱撰　唐元革注

女孝經一卷

丸經二卷

通占大象曆星經二卷

忠經一卷　題漢馬融撰　漢鄭玄注

黃帝宅經二卷

墨經一卷　宋晁貫之撰

第五集

　全唐詩話六卷　宋尤袤撰

　六一詩話一卷　宋歐陽修撰

　滄浪詩話一卷　宋嚴羽撰

　後山詩話一卷　題宋陳師道撰

　彥周詩話一卷　宋許顗撰

　二老堂詩話一卷　宋周必大撰

　紫薇詩話一卷　宋呂本中撰

　石林詩話一卷　宋烏程葉夢得撰

　中山詩話一卷　宋劉攽撰

　竹坡詩話一卷　宋周紫芝撰

　續詩話一卷　宋司馬光撰

第六集

　法書要錄十卷　唐張彥遠撰

　東觀餘論二卷附錄一卷　宋黃伯思撰

　廣川書跋十卷　宋董逌撰

宣和書譜二十卷

第七集

　圖畫見聞誌六卷　宋郭若虛撰

　歷代名畫記十卷　唐張彥遠撰

　古畫品錄一卷　南齊謝赫撰

　續畫品錄一卷　唐李嗣真撰

　宣和畫譜二十卷

　圖繪寶鑑六卷補遺一卷　元吳興夏文彥

　　撰　明韓昂續

　徐畫錄一卷　唐釋彥悰撰

　續畫品一卷　陳吳興姚最撰

　畫繼十卷　宋鄧椿撰

　畫史一卷　宋米芾撰

第八集

　詩品三卷　梁鍾嶸撰

　詩品二十四則一卷　唐司空圖撰

　風騷旨格一卷　唐釋齊己撰

　芥隱筆記一卷　宋遂昌龔頤正撰

　冷齋夜話十卷　宋釋惠洪撰

　西溪叢語二卷　宋嵊縣姚寬撰

　益部方物略記一卷　宋宋祁撰

　捫蝨新話十五卷　宋陳善撰

　歲華紀麗四卷　題唐韓鄂撰

　玉蘂辨證一卷　宋周必大撰

　桯史十五卷附錄一卷　宋岳珂撰

　泉志十五卷　宋洪遵撰

第九集

　酉陽雜俎二十卷續集十卷　唐段成式撰

　誠齋襍記二卷　元林坤撰

　甘澤謠一卷附錄一卷　唐袁郊撰

　本事詩一卷　唐孟棨撰

　五色線二卷

　却掃編三卷　宋徐度撰

　劇談錄二卷　唐康駢撰

　瑯環記三卷　元伊士珍撰

　輟耕錄三十卷　明黃巖陶宗儀撰

第十集

　洛陽伽藍記五卷　北魏楊衒之撰

　洛陽名園記一卷　宋李格非撰

　靈寶真靈位業圖一卷　梁陶弘景撰

　東京夢華錄十卷　宋孟元老撰

　西京雜記六卷　題晉葛洪撰

　佛國記一卷　晉釋法顯撰

大唐創業起居注三卷　唐溫大雅撰
老學菴筆記十卷　宋山陰陸游撰
漢雜事秘辛一卷
淳熙玉堂雜記三卷　宋周必大撰
焚椒錄一卷　遼王鼎撰
唐國史補三卷　唐李肇撰
第十一集
搜神記二十卷　題晉干寶撰
搜神後記十卷　題晉陶潛撰
錄異記八卷　前蜀杜光庭撰
稽神錄六卷拾遺一卷　宋徐鉉撰
周氏冥通記四卷　梁陶弘景撰
異苑十卷　劉宋劉敬叔撰
第十二集
東坡題跋六卷　宋蘇軾撰
山谷題跋九卷　宋黃庭堅撰
無咎題跋一卷　宋晁補之撰
宛丘題跋一卷　宋張耒撰
淮海題跋一卷　宋秦觀撰
鶴山題跋七卷　宋魏了翁撰
放翁題跋六卷　宋山陰陸游撰
姑溪題跋二卷　宋李之儀撰
石門題跋二卷　宋釋德洪撰
西山題跋三卷　宋真德秀撰
第十三集
六一題跋十一卷　宋歐陽修撰
元豐題跋一卷　宋曾鞏撰
水心題跋一卷　宋永嘉葉適撰
益公題跋十二卷　宋周必大撰
後邨題跋四卷　宋劉克莊撰
止齋題跋二卷　宋瑞安陳傅良撰
魏公題跋一卷　宋蘇頌撰
晦菴題跋三卷　宋朱熹撰
容齋題跋二卷　宋洪邁撰
海岳題跋一卷　宋米芾撰
第十四集
樂府古題要解二卷　唐吳兢撰
癸辛雜識前集一卷後集一卷續集二卷別
　集二卷　宋周密撰
紹興內府古器評二卷　宋張掄撰
揮麈前錄四卷後錄十一卷三錄三卷餘話
　二卷　宋王明清撰
第十五集

夢溪筆談二十六卷　宋錢塘沈括撰
湘山野錄三卷續錄一卷　宋釋文瑩撰
春渚紀聞十卷　宋何薳撰
齊東野語二十卷　宋周密撰
茅亭客話十卷　宋黃休復撰
河南邵氏聞見前錄二十卷　宋邵伯溫撰
河南邵氏聞見後錄三十卷　宋邵博撰
錦帶書一卷　梁蕭統撰
避暑錄話二卷　宋烏程葉夢得撰
貴耳集三卷　宋張端義撰
八至十一行十九字　左右雙邊　白口
18.9×14釐米
浙圖　餘杭圖*　溫圖　嘉圖*　平湖圖*
紹圖*　浙博*　杭博*　天一閣*　浙大*

叢0069
津逮秘書十五集七百四十八卷
　明毛晉編
　明崇禎（1628—1644）毛氏汲古閣刻本
　　清惠棟批校
存三十七卷
杭圖

叢0070
津逮秘書十五集七百四十八卷
　明毛晉編
　明崇禎（1628—1644）毛氏汲古閣刻本
　　慈溪馮貞群跋
天一閣

叢0071
山居小玩十四卷
　明毛晉編
　明崇禎（1628—1644）毛氏汲古閣刻本
存六卷
　瓶史二卷　明袁宏道撰
　弈律一卷　明山陰王思任撰
　王氏蘭譜一卷　宋王貴學撰
　茗笈二卷　明鄞縣屠本畯撰
八行十八字　左右雙邊　白口
19.5×13.5釐米

杭圖 *　　天一閣 *

叢 0072

群芳清玩十六卷
　明李璵編
　明崇禎(1628—1644)毛氏汲古閣刻本
　　　鼎錄一卷　題梁虞荔撰
　　　刀劍錄一卷　題梁陶弘景撰
　　　研史一卷　宋米芾撰
　　　畫鑒一卷　宋湯垕撰
　　　石譜一卷　宋山陰杜綰撰
　　　瓶史二卷　明袁宏道撰
　　　弈律一卷　明山陰王思任撰
　　　王氏蘭譜一卷　宋王貴學撰
　　　茗笈二卷　明鄞縣屠本畯撰
　　　茗笈品藻一卷　明鄞縣王嗣奭等撰
　　　香國二卷　明毛晉輯
　　　采菊襍詠一卷　明馬弘衛撰
　　　蝶几譜一卷　明戈汕撰
　　八行十八字　左右雙邊　白口
　　19.8×12.2 釐米
浙圖　天一閣 *

叢 0073

群芳清玩十六卷
　明李璵編
　清抄本
天一閣

叢 0074

合刻三志八十一卷
　題明冰華居士編
　明末刻本
存四卷
　　　博異志一卷　唐鄭還古撰
　　　鸚鵡舍利塔記一卷　唐韋皋撰
　　　鬼塚志一卷　唐錢塘褚遂良撰
　　　壠上記一卷　唐蘇頲纂
　　九行二十字　左右雙邊　白口
　　19.9×14.2 釐米
天一閣

叢 0075

學海類編八百十六卷
　清秀水曹溶編　清陶越增訂
　清道光十一年(1831)晁氏活字印本
　　經翼
　　　易説二卷　宋金華呂祖謙撰
　　　讀易私言一卷　元許衡撰
　　　周易議卦二卷　明王崇慶撰
　　　讀書叢説六卷　元東陽許謙撰
　　　尚書蔡註考誤一卷　明嘉善袁仁撰
　　　禹貢圖註一卷　明艾南英撰
　　　古文尚書考一卷　清平湖陸隴其撰
　　　尚書古文辨一卷　清秀水朱彝尊撰
　　　詩經協韻考異一卷　宋崇德輔廣撰
　　　詩論一卷　宋程大昌撰
　　　毛詩或問二卷　明嘉善袁仁撰
　　　詩問略一卷　明陳子龍撰
　　　春秋集傳微旨三卷　唐陸淳撰
　　　春秋金鎖匙三卷　元趙汸撰
　　　春秋胡傳考誤一卷　明嘉善袁仁撰
　　　讀左漫筆一卷　明秀水陳懿典撰
　　　春秋日食質疑一卷　清吳守一撰
　　　禮經奧旨一卷　宋鄭樵撰
　　　三禮考一卷　宋真德秀撰
　　　月令七十二候集解一卷　元吳澄撰
　　　周禮五官考一卷　明陳仁錫撰
　　　三禮指要一卷　清陳廷敬撰
　　　檀弓訂誤一卷　清蕭山毛奇齡撰
　　　讀禮志疑十二卷　清平湖陸隴其撰
　　　大學發微一卷大學本旨一卷　宋黎立武
　　　　撰
　　　中庸指歸一卷圖一卷中庸分章一卷　宋
　　　　黎立武撰
　　　孔子論語年譜一卷　元程復心撰
　　　孟子年譜一卷　元程復心撰
　　　孝經集靈一卷　明錢塘虞淳熙撰
　　史參
　　　訂正史記真本一卷　宋洪遵撰
　　　讀史漫筆一卷　明秀水陳懿典撰
　　　兩漢解疑二卷　明唐順之撰
　　　三國雜事一卷　宋唐庚撰
　　　兩晉解疑一卷　明唐順之撰

五胡十六國考鏡一卷　宋石延年撰

南北朝襍記一卷　宋劉敞撰

隋史斷一卷　宋南宮靖一撰

新舊唐書雜論一卷　明李東陽撰

唐史論斷三卷附錄一卷　宋孫甫撰

安祿山事蹟三卷　唐姚汝能撰

平巢事蹟考一卷　宋□□撰

鑑誡錄十卷　後蜀何光遠撰

五國故事二卷　宋□□撰

江表志三卷　宋鄭文寶撰

南唐拾遺記一卷　清錢塘毛先舒撰

三楚新錄三卷　宋周羽翀撰

涑水記聞十六卷補遺一卷　宋司馬光撰

蜀檮杌二卷　宋張唐英撰

西夏事略一卷　宋王偁撰

五代春秋二卷　宋尹洙撰

江南別錄一卷　宋陳彭年撰

靖康紀聞一卷拾遺一卷　宋丁特起撰

張邦昌事略一卷　宋王偁撰

劉豫事迹一卷　宋□□撰　清秀水曹溶
　　輯

北狩見聞錄一卷　宋曹勛撰

北狩行錄一卷　宋蔡絛撰

南燼紀聞錄一卷　宋辛棄疾撰

竊憤錄一卷續錄一卷　宋辛棄疾撰

阿計替傳一卷　宋辛棄疾撰

春明退朝錄三卷　宋宋敏求撰

南遷錄一卷　金張師顏撰

朝野遺記二卷　宋□□撰

三朝野史一卷　宋浦江吳萊撰

庚申外史二卷　明權衡撰

陳張事略一卷　明吳國倫撰

元史備忘錄一卷　明王光魯撰

明氏實錄一卷　明楊學可撰

天啓宮詞一卷　明秀水蔣之翹撰

子類

宋景文雜説一卷　宋宋祁撰

晁氏儒言一卷　宋晁説之撰

晁氏客語一卷　宋晁説之撰

省心錄一卷　宋奉化林逋撰

樵談一卷　宋海鹽許棐撰

讀書錄存遺一卷　元潘音撰

勤有堂隨錄一卷　元陳櫟撰

郁離子一卷　明青田劉基撰

潛溪邃言一卷　明浦江宋濂撰

華川卮辭一卷　明義烏王褘撰

青巖叢錄一卷　明義烏王褘撰

侯城雜誡一卷　明寧海方孝孺撰

薛子道論三卷　明薛瑄撰

錢子測語二卷　明海鹽錢琦撰

白沙語要一卷　明陳獻章撰

類博雜言一卷　明岳正撰

空同子纂一卷　明李夢陽撰

甘泉新論一卷　明湛若水撰

傳習則言一卷　明餘姚王守仁撰

心齋約言一卷　明王艮撰

近峰記略一卷　明皇甫錄撰

桑子庸言一卷　明桑悦撰

後渠庸書一卷　明崔銑撰

蜩笑偶言一卷　明鄭瑗撰

經世要談一卷　明鄭善夫撰

陰陽管見一卷　明何瑭撰

方山紀述四卷　明薛應旂撰

讀書筆記一卷　明祝允明撰

學古瑣言二卷　明海鹽鄭曉撰

儼山外纂一卷　明陸深撰

海涵萬象一卷　明鄞縣黃潤玉撰

二谷讀書記三卷　明侯一元撰

澹齋内言一卷外言一卷　明楊繼益撰

海樵子一卷　明王崇慶撰

黎子雜釋一卷　明黎久撰

客問一卷　明黃省曾撰

擬詩外傳一卷　明黃省曾撰

海沂子五卷　明海鹽王文祿撰

凝齋筆語一卷　明王鴻儒撰

日錄裏言一卷　清魏禧撰

常語筆存一卷　清湯斌撰

學術辨一卷　清平湖陸隴其撰

業儒臆説一卷　清陶圻撰

集餘一　行詣

孝詩一卷　宋林同撰

白鹿書院教規一卷　宋朱熹撰　宋饒魯
　　輯

程董二先生學則一卷　宋程端蒙、董銖撰
　　宋饒魯輯

桐陰舊話一卷　宋韓元吉撰

錢氏私誌一卷　宋錢愐撰

萬柳溪邊舊話一卷　元尤玘撰

諭僚屬文一卷　宋真德秀撰

諭俗文一卷　宋真德秀撰

東谷隨筆一卷　宋李之彥撰

集慶路江東書院講義一卷　元鄞縣程端
　禮撰

鄭氏規範一卷　元浦江鄭太和撰

建文忠節錄一卷　明張芹撰

楊忠愍公遺筆一卷　明楊繼盛撰

廉矩一卷　明海鹽王文祿撰

元祐黨籍碑考一卷 麗元僞學黨籍一卷
　明海瑞撰

致身錄一卷　明史仲彬撰

人譜正篇一卷續篇一卷三篇一卷　明山
　陰劉宗周撰

庭幃雜錄二卷　明袁衷等記　明錢曉訂

家誡要言一卷　明吳麟徵撰

證人社約一卷　明山陰劉宗周撰

初學備忘二卷　清桐鄉張履祥撰

東林始末一卷　明蔣平階撰

溫氏母訓一卷　明烏程溫璜撰

教習堂條約一卷　清徐乾學撰

集餘二　事功

愧郯錄十五卷　宋岳珂撰

翰苑遺事一卷　宋洪遵撰

歷代銓政要略一卷　宋楊億撰

官爵志三卷　明徐石麒撰

歷代銓選志一卷　清袁定遠撰

捕蝗考一卷　清仁和陳芳生撰

旗軍志一卷　清金德純撰

楊公政績紀一卷　清黃家遴撰

邦計彙編一卷　宋李維撰

拯荒事略一卷　元歐陽玄撰

救荒事宜一卷　明張陛撰

煮粥條議一卷　明陳繼儒撰

元海運志一卷　明危素撰

鹽法考略一卷　明丘濬撰

錢法纂要一卷　明丘濬撰

國賦紀略一卷　明上虞倪元璐撰

明漕運志一卷　清秀水曹溶撰

御試備官日記一卷　宋衢州趙抃撰

東宮備覽六卷　宋陳模撰

歷代關市徵稅記一卷　清彭寧求撰

貢舉敘略一卷　宋陳彭年撰

歷代貢舉志一卷　明秀水馮夢禎撰

樂律舉要一卷　明韓邦奇撰

學科考略一卷　明董其昌撰

文廟從祀先賢先儒考一卷　清郎廷極撰

臚傳紀事一卷　清繆彤撰

歷代郊祀志一卷　清□□撰

紀琉球入太學始末一卷　清王士禛撰

陽明先生鄉約法一卷　明餘姚王守仁撰
　明嘉善陳龍正錄

陽明先生保甲法一卷　明餘姚王守仁撰
　明嘉善陳龍正錄

莅戎要略一卷　明戚繼光撰

歷代車戰敘略一卷　清張泰交撰

歷代武舉考一卷　清譚吉璁撰

東南防守利便三卷　宋陳克、吳若撰

青溪寇軌一卷　宋方勺撰

保越錄一卷　元徐勉之撰

平濠記一卷　明餘姚錢德洪輯

歷代馬政志一卷　清蔡方炳撰

備倭記二卷　明卜大同撰

明倭寇始末一卷　清谷應泰撰

江防總論一卷　清慈溪姜宸英撰

海防總論一卷　清慈溪姜宸英撰

江防集要一卷　清趙寧撰

海防集要一卷　清韓奕撰

江防述略一卷　清張鵬翮撰

海防述略一卷　清杜臻撰

棠陰比事原編一卷　宋桂萬榮輯　續編
　一卷補編一卷　明吳訥輯

刑法敘略一卷　宋劉筠撰

續刑法敘略一卷　清譚瑄撰

折獄卮言一卷　清陳士鑛撰

河源記一卷　元潘昂霄撰

河防記一卷　元歐陽玄撰

常熟水論一卷　明薛尚質撰

兩宮鼎建記三卷　明賀仲軾撰

西北水利議一卷　清許承宣撰

明江南治水記一卷　清秀水陳士鑛撰

浮梁陶政志一卷　清錢塘吳允嘉撰

景鎮舊事一卷　清錢塘吳允嘉撰

集餘三　文詞

文章緣起註一卷　梁任昉撰　明陳懋仁
注

續文章緣起一卷　明陳懋仁撰

樂府雜錄一卷　唐段安節撰

二南密旨一卷　唐賈島撰

詩式一卷　唐釋皎然撰

碧溪詩話十卷　宋黃徹撰

樂府指迷一卷　宋臨安張炎撰

四六談麈一卷　宋謝伋撰

韻語陽秋二十卷　宋葛立方撰

文錄一卷　宋唐庚撰

環溪詩話三卷　宋吳沆撰

玉壺詩話一卷　宋釋文瑩撰

庚溪詩話一卷　宋陳巖肖撰

臨溪隱居詩話一卷　宋魏泰撰

容齋詩話六卷　宋洪邁撰

容齋四六叢談一卷　宋洪邁撰

詩讞一卷　宋周紫芝撰

歲寒堂詩話一卷　宋張戒撰

姜氏詩說一卷　宋姜夔撰

吳氏詩話二卷　宋臨海吳子良撰

深雪偶談一卷　宋寧海方岳撰

碧雞漫志一卷　宋王灼撰

對牀夜話五卷　宋范晞文撰

東坡文談錄一卷　元陳秀明輯

東坡詩話錄三卷　元陳秀明輯

木天禁語一卷　元范梈撰

詞品一卷　明朱權撰

製曲十六觀一卷　元顧瑛撰

詞旨一卷　元陸行直撰

文原一卷　明浦江宋濂撰

談藝錄一卷　明徐禎卿撰

夢蕉詩話一卷　明游潛撰

餘冬詩話二卷　明何孟春撰

詩談一卷　明徐泰撰

全唐詩說一卷　明王世貞撰

詩評一卷　明王世貞撰

文評一卷　明王世貞撰

文脈三卷　明海鹽王文祿撰

藝圃擷餘一卷　明王世懋撰

存餘堂詩話一卷　明朱承爵撰

夷白齋詩話一卷　明顧元慶撰

顧曲雜言一卷　明秀水沈德符撰

佘山詩話三卷　明陳繼儒撰

玉笥詩談二卷續一卷　明朱孟震撰

棗林藝簣一卷　清海寧談遷撰

聲韻叢說一卷　清錢塘毛先舒撰

唐詩談叢五卷　明海鹽胡震亨撰

恬致堂詩話四卷　明嘉興李日華撰

師友詩傳錄一卷　清郎廷槐問　清王士
禛等答

詞統源流一卷　清海鹽彭孫遹撰

詞藻四卷　清海鹽彭孫遹撰

漫堂說詩一卷　清宋犖撰

詞壇紀事三卷　清秀水李良年撰

詞家辨證一卷　清秀水李良年撰

論學三說一卷　清黃與堅撰

四六金針一卷　清陳維崧撰

南州草堂詞話三卷　清徐釚撰

集唐要法一卷　清郎廷極撰

集餘四　記述

封氏聞見記十卷　唐封演撰

劉賓客嘉話錄一卷　唐韋絢錄

幽閒鼓吹一卷　唐張固撰

灌畦暇語一卷　唐□□撰

北窗炙輠錄二卷　宋海寧施德操撰

宋景文筆記二卷　宋宋祁撰

珩璜新論四卷　宋孔平仲撰

明道雜志一卷續一卷　宋張耒撰

西畬瑣錄一卷　宋孫宗鑑撰

鐵圍山叢談六卷　宋蔡絛撰

蒙齋筆談一卷　宋烏程葉夢得撰

碧湖雜記一卷　宋謝枋得撰

昨夢錄一卷　宋康譽之撰

高齋漫錄一卷　宋曾慥撰

蘆浦筆記十卷　宋劉昌詩撰

南窗紀談一卷　宋□□撰

袖中錦一卷　宋太平老人撰

王氏三錄三卷　宋王鞏撰

　甲申雜錄一卷

　聞見近錄一卷

　隨手雜錄一卷

楊公筆錄一卷　宋楊延齡撰

木筆雜鈔二卷　宋□□撰

梁谿漫志十卷　宋費袞撰

醴泉筆錄二卷　宋江休復撰

彙編叢書

香錄一卷

文具雅編一卷　明鄞縣屠隆撰

青烏緒言一卷　明李豫亨撰

弈史一卷　明王穉登撰

琴言十則一卷附指法譜一卷　元吳澄撰

篆學指南一卷　明趙宧光撰

上池雜說一卷　明馮時可撰

飛鳧語略一卷　明秀水沈德符撰

筠軒清閟錄三卷　明董其昌撰

沈氏農書一卷　明沈□撰　清錢爾復訂

老圃良言一卷　明嘉興巢鳴盛撰

裝潢志一卷　清周嘉冑撰

書法粹言一卷　明嘉興汪挺撰

硯錄一卷　清秀水曹溶撰

說硯一卷　清秀水朱彝尊撰

北墅抱甕錄一卷　清錢塘高士奇撰

集餘七　保攝

延壽第一紳言一卷　題宋愚谷老人撰

賞心樂事一卷　宋張鑑撰

林泉結契五卷　宋王質撰

諧史一卷　宋沈俶撰

爐火鑒戒錄一卷　宋俞琰撰

攝生消息論一卷　金丘處機撰

飲食須知八卷　元賈銘撰

四時宜忌一卷　明錢塘瞿佑撰

饌史一卷　元□□撰

拊掌錄一卷　元元懷撰

修齡要指一卷　明錢塘冷謙撰

二六功課一卷　題明石室道人撰

攝生要語一卷　明息齋居士撰

養生膚語一卷　明陳繼儒撰

攝生三要一卷　明嘉善袁黃撰

花裏活三卷補遺一卷　明秀水陳詩教撰

養小錄三卷　清顧仲撰

怡情小錄一卷　明仁和沈仕撰　清馬大
　　年錄

鹿門隱書一卷　唐皮日休撰

馬氏日抄一卷　明馬愈撰

明皇十七事一卷　唐李德裕撰

事原一卷　宋劉孝孫撰

新書一卷　蜀諸葛亮撰

刑書釋名一卷　宋王鍵撰

集餘八　遊覽

居易錄談三卷續談一卷　清王士禎撰

燕臺筆錄一卷　清項維貞輯

京東考古錄一卷　清顧炎武撰

封長白山記一卷　清遂安方象瑛撰

先聖廟林記一卷　清屈大均撰

山左筆談一卷　明黃淳耀撰

山東考古錄二卷　清顧炎武撰

遊勞山記一卷　清張道浚撰

古杭雜記一卷　元李有撰

金華游錄一卷　宋浦江方鳳撰

嘉禾百詠一卷　宋秀水張堯同撰

夢粱錄二十卷　宋錢塘吳自牧撰

樂郊私語一卷　元姚桐壽撰

吳地記一卷　唐陸廣微撰

吳風錄一卷　明黃省曾撰

蘇談一卷　明楊循吉撰

遊城南記一卷　宋浙江張禮撰

中吳紀聞六卷　宋龔明之撰

華陽宮紀事一卷　宋釋祖秀撰

豫志一卷　明王士性撰

秦錄一卷　明嘉興沈思孝撰

晉錄一卷　明嘉興沈思孝撰

楚書一卷　明陶晉英撰

益部談資三卷　明何宇度撰

泉南雜志二卷　明陳懋仁撰

臺灣隨筆一卷　清徐懷祖撰

廣州遊覽小志一卷　清王士禎撰

遊羅浮記一卷　清潘耒撰

桂林風土記一卷　唐莫休符撰

桂海虞衡志一卷　宋范成大撰

成都遊宴記一卷　元費著撰

滇記一卷　楊慎撰

滇遊記一卷　清陳鼎撰

黔志一卷　明王士性撰

黔遊記一卷　清陳鼎撰

溪蠻叢笑一卷　宋朱輔撰

星槎勝覽四卷　明費信撰

西使記一卷　元劉郁撰

使西域記一卷　明陳誠、李暹撰

西南夷風土記一卷　明朱孟震撰

興復哈密國王記一卷　明馬文升撰

朝鮮國紀一卷　明秀水黃洪憲撰

西方要紀一卷　意大利利類思、比利時南

懷仁等撰

　　西陲聞見錄一卷　清黎士宏撰

　　安南雜記一卷　清李仙根撰

　　遊具雅編一卷　明鄞縣屠隆撰

九行二十一字　左右雙邊　白口

19.6×12.4釐米

浙圖　溫圖

叢 0076

秘書廿一種九十四卷

清汪士漢編

清康熙七年(1668)汪士漢據明刻古今逸

史版重編印本

　　汲冢周書十卷　晉孔晁注

　　吳越春秋六卷　漢山陰趙曄撰　宋徐天祐

　　音注

　　拾遺記十卷　題前秦王嘉撰

　　白虎通德論二卷　漢班固撰

　　山海經十八卷　晉郭璞傳

　　博物志十卷　晉張華撰　宋周日用等注

　　續博物志十卷　題宋李石撰

　　桂海虞衡志一卷　宋范成大撰

　　博異記一卷　唐鄭還古撰

　　高士傳三卷　晉皇甫謐撰

　　劍俠傳四卷

　　楚史檮杌一卷

　　晉史乘一卷

　　竹書紀年二卷　梁武康沈約注

　　中華古今注三卷　後唐馬縞撰

　　古今注三卷　晉崔豹撰

　　三墳一卷

　　風俗通義四卷　漢應劭撰

　　列仙傳二卷　漢劉向撰

　　集異記一卷　唐薛用弱撰

　　續齊諧記一卷　梁吳興吳均撰

十行二十字　小字雙行　左右雙邊　白口

20.5×13.9釐米

浙圖　嘉圖＊　平湖圖

叢 0077

秘書廿一種九十四卷

清汪士漢編

清乾隆五十三年(1788)菁華書屋刻本

十行二十字　左右雙邊　白口

13.7×10.3釐米

浙大

叢 0078

檀几叢書一百三卷

清仁和王晫、張潮編

清康熙三十四年至三十六年(1695—

1697)張氏霞舉堂刻本

初集

　第一帙　東

　　三百篇鳥獸草木記一卷　清徐士俊撰

　　月令演一卷　清徐士俊撰

　　歷代甲子考一卷　清餘姚黃宗羲撰

　　二十一史徵一卷　清徐汾撰

　　黜朱梁紀年論一卷　清宋實穎撰

　　韻史一卷　清金諾撰

　　釋奠考一卷　清洪若皋撰

　　臚傳紀事一卷　清繆彤撰

　第二帙　壁

　　喪禮雜說常禮雜說一卷　清錢塘毛先

　　舒撰

　　喪服或問一卷　清汪琬撰

　　錦帶連珠一卷　清王嗣槐撰

　　操觚十六觀一卷　清陳鑑撰

　　十七帖述一卷　清王弘撰撰

　　甌臺琬琰一卷　清張正茂撰

　　稚黃子一卷　清錢塘毛先舒撰

　　東江子一卷　清仁和沈謙撰

　第三帙　圖

　　續證人社約誡一卷　清惲日初撰

　　家訓一卷　清張習孔撰

　　高氏塾鐸一卷　清高拱京撰

　　餘慶堂十二戒一卷　清劉德新撰

　　猶見篇一卷　清傅麟昭撰

　　七勸口號一卷　清張習孔撰

　　元寶公案一卷　清謝開寵撰

　　聯莊一卷聯騷一卷　清張潮撰

　　琴聲十六法一卷　清莊臻鳳撰

　第四帙　書

　　鶴齡錄一卷　清李清撰

新婦譜一卷　清陸圻撰

新婦譜補一卷　清海寧陳確撰

新婦譜補一卷　清查琪撰

美人譜一卷　清徐震撰

婦人鞋襪考一卷　清余懷撰

七療一卷　清張潮撰

鬱單越頌一卷　清黃周星撰

地理驪珠一卷　清張澐撰

雁山雜記一卷　清韓則愈撰

越問一卷　清王修玉撰

第五帙　府

真率會約一卷　清尤侗撰

酒律一卷　清張潮撰

酒箴一卷　清金昭鑑撰

觸政五十則一卷　清沈中楹撰

廣抑戒錄一卷　清朱曉撰

農具記一卷　清陳玉璂撰

怪石贊一卷　清宋犖撰

惕菴石譜一卷　清錢塘諸九鼎撰

端溪硯石考一卷　清高兆撰

羽族通譜一卷　清蕭山來集之撰

獸經一卷　清張綱孫撰

江南魚鮮品一卷　清陳鑑撰

虎丘茶經注補一卷　清陳鑑撰

荔枝話一卷　清林嗣環撰

二集　康熙三十六年（1697）刻

第一帙　西

逸亭易論一卷　清徐繼恩撰

孟子考一卷　清閻若璩撰

人譜補圖一卷　清宋瑾撰

教孝編一卷　清姚廷傑撰

仕的一卷　清吳儀一撰

古觀人法一卷　清宋瑾撰

古人居家居鄉法一卷　清丁雄飛撰

第二帙　園

幼訓一卷　清崔學古撰

少學一卷　清崔學古撰

俗砭一卷　清遂安方象瑛撰

燕翼篇一卷　清李淦撰

艾言一卷　清徐元美撰

訓蒙條例一卷　清仁和陳芳生撰

拙翁庸語一卷　清劉芳喆撰

醉筆堂三十六善一卷　清李日景撰

七怪一卷　清餘姚黃宗羲撰

第三帙　翰

華山經一卷　清東蔭商撰

長白山錄一卷　清王士禎撰

水月令一卷　清王士禎撰

三江考一卷　清蕭山毛奇齡撰

黔中雜記一卷　清黃元治撰

苗俗紀聞一卷　清方亨咸撰

念佛三昧一卷　清金人瑞撰

佛解一卷　清畢熙暘撰

第四帙　墨

漁洋詩話一卷　清王士禎撰

文房約一卷　清江之蘭撰

蕈溪自課一卷　明慈溪馮京第撰

讀書燈一卷　明慈溪馮京第撰

學畫淺說一卷　清秀水王槩撰

廣惜字說一卷　清張允祥撰

古歡社約一卷　清丁雄飛撰

彷園清語一卷　清張蓋撰

鴛鴦牒一卷　明程羽文撰

祴菴黛史一卷　清張芳撰

小星志一卷　清丁雄飛撰

豔體聯珠一卷　明葉小鸞撰

戒殺文一卷　明黎遂球撰

九喜榻記一卷　清丁雄飛撰

行醫八事圖一卷　清丁雄飛撰

第五帙　林

雪堂墨品一卷　清張仁熙撰

漫堂墨品一卷　清宋犖撰

水坑石記一卷　清錢朝鼎撰

琴學八則一卷　清程雄撰

觀石錄一卷　清高兆撰

紅术軒紫泥法定本一卷　清汪鎬京撰

陽羨茗壺系一卷　明周高起撰

洞山岕茶系一卷　明周高起撰

桐堦副墨一卷　明黎遂球撰

南村觸政一卷　清張惣撰

鴿經一卷　清張萬鐘撰

餘集

卷上

山林經濟策　清錢塘陸次雲撰

讀書法　清魏際瑞撰

根心堂學規　清宋瑾撰

家塾座右銘　清宋起鳳撰

洗塵法　清馬文燦撰

香雪齋樂事　清江之蘭撰

客齋使令反　明程羽文撰

一歲芳華　明程羽文撰

芸窗雅事　清施清撰

菊社約　清狄億撰

豆腐戒　清尤侗撰

清戒　清石崇階撰

友約　清顧有孝撰

灌園十二師　清徐沁撰

約言　清張適撰

詩本事　明程羽文撰

劍氣　明程羽文撰

石交　明程羽文撰

燈謎　清遂安毛際可撰

宦海慈航　清蔣埴撰

病約三章　清尤侗撰

艮堂十戒　清遂安方象瑛撰

婦德四箴　清徐士俊撰

半菴笑政　清陳皋謨撰

書齋快事　清沈元琨撰

負卦　清尤侗撰

古今外國名考　清孫蘭撰

廣東月令　清鈕琇撰

黔西古跡考　清錢霖撰

明制女官考　清餘姚黃百家撰

卷下

五嶽約　清韓則愈撰

攬勝圖　清錢塘吳陳琰撰

南極諸星考　清梅文鼎撰

引勝小約　明張陛撰

酒警　清程弘毅撰

酒政六則　清吳彬撰

酒約　清吳肅公撰

彷園酒評　清張蓋撰

簋貳約　清尤侗撰

小半斤謠　清黃周星撰

四十張紙牌說　清李式玉撰

選石記　清成性撰

美人揉碎梅花迴文圖　清沈士瑛撰

西湖六橋桃評　清曹之璜撰

竹連珠　清鈕琇撰

征南射法　清餘姚黃百家撰

黃熟香考　清鄞縣萬泰撰

附政一卷

紀草堂十六宜　清仁和王晫撰

課婢約　清仁和王晫撰

報謁例言　清仁和王晫撰

謡卦　清仁和王晫撰

書本草　清張潮撰

貧卦　清張潮撰

花鳥春秋　清張潮撰

補花底拾遺　清張潮撰

玩月約　清張潮撰

飲中八仙令　清張潮撰

九行二十字　四周單邊　白口

18×13.6 釐米

浙圖　玉海樓

叢 0079

正誼堂全書四百八十二卷

清張伯行編

清康熙四十六年至四十九年（1707—
　1710）張氏正誼堂刻本

存四百七十二卷

周濂溪先生全集十三卷　宋周敦頤撰

二程文集十二卷　宋程顥、程頤撰　存十卷
　一至十

張橫渠先生文集十二卷　宋張載撰

朱子文集十八卷　宋朱熹撰

楊龜山先生集六卷　宋楊時撰

尹和靖先生文集一卷　宋尹焞撰

羅豫章先生文集十卷　宋羅從彥撰

李延平先生文集四卷　宋李侗撰

張南軒先生文集七卷　宋張栻撰　存三卷
　一至三

黃勉齋先生文集八卷　宋黃榦撰

陳克齋先生集五卷　宋陳文蔚撰

許魯齋先生集六卷　元許衡撰

薛敬軒先生文集十卷　明薛瑄撰

胡敬齋先生文集三卷　明胡居仁撰

諸葛武侯文集四卷　蜀諸葛亮撰

唐陸宣公文集四卷首一卷　唐嘉興陸贄撰

韓魏公集二十卷　宋韓琦撰

司馬溫公文集十四卷　宋司馬光撰

文山先生文集二卷　宋文天祥撰

謝疊山先生文集二卷　宋謝枋得撰

方正學先生文集七卷　明寧海方孝孺撰

楊椒山先生文集二卷　明楊繼盛撰

二程粹言二卷　宋程顥、程頤撰　宋楊時訂
　定　宋張栻編次

伊洛淵源錄十四卷　宋朱熹撰

上蔡先生語錄三卷　宋謝良佐撰

程氏家塾讀書分年日程三卷　元鄞縣程端
　禮撰

朱子學的二卷　明丘濬輯

陳清瀾先生學蔀通辯十二卷　明陳建撰

薛文清公讀書錄八卷　明薛瑄撰

胡敬齋先生居業錄八卷　明胡居仁撰

道南源委六卷　明朱衡撰

羅整庵先生困知記四卷　明羅欽順撰

陸桴亭思辨錄輯要二十二卷　清陸世儀撰

王學質疑五卷附錄一卷　清張烈撰

讀禮志疑六卷　清平湖陸隴其撰

讀朱隨筆四卷　清平湖陸隴其撰

陸稼書先生問學錄四卷　清平湖陸隴其撰

陸稼書先生松陽鈔存一卷　清平湖陸隴其
　撰

石守道先生集二卷　宋石介撰

高東溪先生遺集二卷　宋高登撰

真西山先生集八卷　宋真德秀撰

熊勿軒先生文集六卷　宋熊禾撰

吳朝宗先生聞過齋集四卷　元吳海撰

魏莊渠先生集二卷　明魏校撰

羅整庵先生存稿二卷　明羅欽順撰

陳剩夫先生集四卷　明陳真晟撰

張陽和文選三卷　明山陰張元忭撰

湯潛庵先生集二卷　清湯斌撰

陸稼書先生文集二卷　清平湖陸隴其撰

道統錄二卷附錄一卷　清張伯行撰

二程語錄十八卷　宋朱熹輯

朱子語類輯略八卷　清張伯行輯

濂洛關閩書十九卷　清張伯行輯並注

近思錄十四卷　宋朱熹、金華呂祖謙輯　清
　張伯行集解

廣近思錄十四卷　清張伯行輯

困學錄集粹八卷　清張伯行撰

小學集解六卷　清張伯行撰

濂洛風雅九卷　清張伯行輯

學規類編二十七卷　清張伯行撰

養正類編十三卷　清張伯行撰

居濟一得八卷　清張伯行撰

正誼堂文集十二卷　清張伯行撰

正誼堂續集八卷　清張伯行撰

十行二十二字　四周單邊　白口

20.5×14 釐米

浙圖

叢 0080

棟亭藏書十三種七十卷

　清曹寅編

　清康熙四十五年（1706）揚州詩局刻本

　法書考八卷　元盛熙明撰

　琴史六卷　宋朱長文撰

　釣磯立談一卷　南唐史虛白撰

　新編錄鬼簿二卷　元鍾嗣成撰

　梅苑十卷　宋黃大輿輯

　禁扁五卷　元王士點撰

　硯箋四卷　宋鄞縣高似孫撰

　墨經一卷　宋晁貫之撰

　都城紀勝一卷　題宋灌園耐得翁撰

　頤堂先生糖霜譜一卷　宋王灼撰

　聲畫集八卷　宋孫紹遠輯

　分門纂類唐宋時賢千家詩選二十二卷　宋
　　劉克莊輯

　裝潢志一卷　明周嘉胄撰

十一行二十一字　左右雙邊　細黑口

16.5×11.5 釐米

浙圖

叢 0081

說鈴前集四十五卷後集二十六卷續集十卷

　清石門吳震方編

　清康熙（1662—1722）學古堂刻本

存前集四十卷後集十九卷續集二卷

　前集

　　冬夜箋記一卷　清王崇簡撰

　　隴蜀餘聞一卷　清王士禛撰

　　分甘餘話二卷　清王士禛撰

筠廊偶筆二卷　清臨海宋犖撰

金鰲退食筆記二卷　清錢塘高士奇撰

扈從西巡日錄一卷　清錢塘高士奇撰

塞北小鈔一卷　清錢塘高士奇撰

松亭行紀二卷　清錢塘高士奇撰

天祿識餘二卷　清錢塘高士奇撰

封長白山記一卷　清遂安方象瑛撰

使琉球紀一卷　清張學禮撰

閩小紀二卷　清周亮工撰

滇行紀程　卷　清許纘曾撰

東還紀程一卷　清許纘曾撰

揚州鼓吹詞序一卷　清吳綺撰

粵述一卷　清閔敘撰

粵西偶記一卷　清平湖陸祚蕃撰

滇黔紀游一卷　清陳鼎撰

京東考古錄一卷　清顧炎武撰

山東考古錄一卷　清顧炎武撰

救文格論一卷　清顧炎武撰

雜錄一卷　清顧炎武撰

坤輿外紀一卷　比利時南懷仁撰

臺灣紀略一卷　清林謙光撰

臺灣雜記一卷　清季麒光撰

安南紀遊一卷　清潘鼎珪撰

峒谿纖志一卷　清錢塘陸次雲撰

泰山紀勝一卷　清孔貞瑄撰

匡廬紀遊一卷　清吳闌思撰

登華記一卷　清屈大均撰

遊雁蕩山記一卷　清周清原撰

甌江逸志一卷　清勞大與撰

嶺南雜記二卷　清石門吳震方撰

後集

讀史吟評一卷　清黃鵬揚撰

湖壖雜記一卷　清錢塘陸次雲撰

天香樓偶得一卷　清虞兆湰撰

蚓庵瑣語一卷　清王逋撰

見聞錄一卷　清徐岳撰

冥報錄三卷　清陸圻撰

現果隨錄一卷　清釋戒顯撰

果報聞見錄一卷　清楊式傳撰

信徵錄一卷　清徐慶撰

曠園雜志二卷　清錢塘吳陳琰撰

言鯖二卷　清呂種玉撰

述異記三卷　題清東軒主人撰

觚賸一卷　清鈕琇輯

續集

畫壁詩一卷　清范承謨撰

筠廊二筆一卷　清臨海宋犖撰

十一行二十五字　左右雙邊　細黑口

20×14.4 釐米

浙大

叢0082

説鈴摘記四卷

清石門吳震方編　清姜信摘

清乾隆四十九年(1784)姜信夢花書屋抄
　本　清姜信跋

存二卷

卷三

閩小記　清周亮工撰

滇行紀程　清許纘曾撰

東還紀程　清許纘曾撰

粵述　清閔敘撰

粵西偶記　清平湖陸祚蕃撰

滇黔紀遊　清陳鼎撰

救文格論　清顧炎武撰

雜錄　清顧炎武撰

卷四

泰山紀勝　清孔貞瑄撰

匡廬紀遊　清吳闌思撰

揚州鼓吹詞序　清吳綺撰

湖壖雜記　清錢塘陸次雲撰

簪雲樓雜説　清陳尚古撰

天香樓偶得　清虞兆湰撰

言鯖　清呂種玉撰

述異記　題清東軒主人撰

談助　清王崇簡撰

邇語　清熊賜履撰

庸言　清魏象樞撰

池北偶談　清王士禎撰

讀書質疑　清石門吳震方撰

天一閣

叢 0083

武英殿聚珍版書二千四百十六卷

清乾隆（1736—1795）武英殿活字印本
［易緯、漢官舊儀、魏鄭公諫續錄、帝
範注　清乾隆三十八年（1773）武英殿
刻本］

存一千九百四十七卷

易緯十二卷　漢鄭玄注

易緯乾坤鑿度二卷

易緯稽覽圖二卷

易緯通卦驗二卷

易緯是類謀一卷

易緯乾鑿度二卷

易緯辨終備一卷

易緯乾元序制記一卷

易緯坤靈圖一卷

魏鄭公諫續錄二卷　元翟思忠輯

經部

周易口訣義六卷　唐史徵撰

易說六卷　宋司馬光撰

易原八卷　宋程大昌撰

吳園周易解九卷附錄一卷　宋張根撰

郭氏傳家易說十一卷　宋郭雍撰

誠齋易傳二十卷　宋楊萬里撰

易象意言一卷　宋蔡淵撰

易學濫觴一卷　元黃澤撰

尚書詳解二十六卷首一卷　宋夏僎撰
缺三卷　十四至十六

尚書詳解五十卷　宋陳經撰

融堂書解二十卷　宋嚴州錢時撰

禹貢指南四卷　宋江山毛晃撰

禹貢說斷四卷　宋義烏傅寅撰

詩總聞二十卷　宋王質撰

續呂氏家塾讀詩記三卷　宋永嘉戴溪撰

絜齋毛詩經筵講義四卷　宋鄞縣袁燮撰

欽定詩經樂譜全書三十卷

儀禮集釋三十卷　宋李如圭撰

儀禮釋宮一卷　宋李如圭撰

儀禮識誤三卷　宋張淳撰

大戴禮記十三卷　漢戴德撰　北周盧辯
注

春秋釋例十五卷　晉杜預撰

春秋傳說例一卷　宋劉敞撰

春秋經解十五卷　宋孫覺撰

春秋集註四十卷　宋高閌撰

春秋攷十六卷　宋烏程葉夢得撰

春秋辨疑四卷　宋蕭楚撰

鄭志三卷　漢鄭玄撰　魏鄭小同輯

輶軒使者絕代語釋別國方言十三卷　漢
揚雄撰　晉郭璞注

史部

兩漢刊誤補遺十卷　宋吳仁傑撰

五代史纂誤三卷　宋吳縝撰

東觀漢記二十四卷　漢劉珍等撰

元朝名臣事略十五卷　元蘇天爵撰

鄴中記一卷　晉陸翽撰

元和郡縣志四十卷　唐李吉甫撰

元豐九域志十卷　宋王存等撰

輿地廣記三十八卷　宋歐陽忞撰

水經注四十卷首一卷　北魏酈道元撰

嶺表錄異三卷　唐劉恂撰

麟臺故事五卷　宋開化程俱撰

唐會要一百卷　宋王溥撰

五代會要三十卷　宋王溥撰

宋朝事實二十卷　宋李攸撰

建炎以來朝野雜記甲集二十卷乙集二十
卷　宋李心傳撰

西漢會要七十卷　宋徐天麟撰

東漢會要四十卷　宋徐天麟撰

欽定武英殿聚珍版程式一卷　清金簡撰

直齋書錄解題二十二卷　宋安吉陳振孫
撰

唐書直筆四卷　宋呂夏卿撰

子部

傅子一卷　晉傅玄撰

公是弟子記四卷　宋劉敞撰

明本釋三卷　宋劉荀撰

項氏家說十卷　宋項安世撰

農桑輯要七卷　題元司農司撰

蘇沈良方八卷　宋蘇軾、錢塘沈括撰

海島算經一卷　晉劉徽撰　唐李淳風注

孫子算經三卷　唐李淳風注

五經算術二卷　北周甄鸞撰　唐李淳風
注

夏侯陽算經三卷　□夏侯陽撰

彙編叢書

寶真齋法書贊二十八卷　宋岳珂撰

墨法集要一卷　明沈繼孫撰

鶡冠子三卷　宋山陰陸佃解

能改齋漫錄十八卷　宋吳曾撰

雲谷雜記四卷首一卷末一卷　宋張淏撰

猗覺寮雜記二卷　宋朱翌撰

甕牖閒評八卷　宋袁文撰

考古質疑六卷　宋葉大慶撰

朝野類要五卷　宋趙升撰

欽定四庫全書考證一百卷　清王太岳等
　　撰

澗泉日記三卷　宋韓淲撰

敬齋古今黈八卷　元李冶撰

涑水記聞十六卷　宋司馬光撰

歸潛志十四卷　元劉祁撰

老子道德經二卷　魏王弼注

集部

張燕公集二十五卷　唐張說撰

文忠集十二卷　唐顏真卿撰

南陽集六卷　宋趙湘撰

元憲集三十六卷　宋宋庠撰

景文集六十二卷　宋宋祁撰

祠部集三十五卷　宋強至撰

公是集五十四卷　宋劉敞撰

淨德集三十八卷　宋呂陶撰

忠肅集二十卷　宋劉摯撰

山谷內集詩注二十卷外集詩注十七卷別
　　集詩注二卷　宋黃庭堅撰　宋任淵等
　　注

後山詩十二卷　宋陳師道撰　宋任淵注

柯山集五十卷　宋張耒撰

陶山集十六卷　宋山陰陸佃撰

學易集八卷　宋劉跂撰

西臺集二十卷　宋畢仲游撰

浮沚集九卷　宋周行己撰

毗陵集十六卷　宋張守撰

浮溪集三十二卷　宋汪藻撰

簡齋集十六卷　宋陳與義撰

茶山集八卷　宋曾幾撰

攻媿集一百十二卷　宋鄞縣樓鑰撰

乾道稿二卷　宋趙蕃撰

淳熙稿二十卷　宋趙蕃撰

章泉稿五卷　宋趙蕃撰

止堂集十八卷　宋彭龜年撰

絜齋集二十四卷　宋鄞縣袁燮撰

恥堂存稿八卷　宋高斯得撰

拙軒集六卷　金王寂撰

金淵集六卷　元錢塘仇遠撰

牧庵集三十六卷　元姚燧撰

文苑英華辨證十卷　宋彭叔夏撰

歲寒堂詩話二卷　宋張戒撰

碧溪詩話十卷　宋黃徹撰

浩然齋雅談三卷　宋周密撰

詩倫二卷　清汪薇輯

九行二十一字（刻本十行二十一字）　四周雙邊
　　白口

19×12.7釐米

浙圖＊　天一閣＊

叢0084

武英殿聚珍版書八種□□卷

清乾隆（1736—1795）蘇州府據武英殿聚
　　珍版書翻刻本

存五十五卷

傅子一卷附錄一卷　晉傅玄撰

水經注四十卷　北魏酈道元撰

農桑輯要七卷　題元司農司撰

拙軒集六卷　金王寂撰

九行二十一字　四周雙邊　白口

12.8×9.9釐米

嘉圖

叢0085

文瀾閣四庫全書七萬八千五百一卷

清永瑢、紀昀等纂修

清乾隆（1736—1795）內府寫本〔配清光
　　緒八年至十四年（1882—1888）丁氏、
　　民國四年（1915）錢氏、民國十二年
　　（1923）張氏補抄〕

子目詳見文瀾閣四庫全書目錄

八行二十一字　四周雙邊　白口

21×13.8釐米

浙圖

叢 0086

文瀾閣四庫全書七萬八千五百一卷

清永瑢、紀昀等纂修

清乾隆(1736—1795)內府寫本

存九卷

武經總要前集二十卷後集二十卷　宋曾公
亮等撰　存後集二卷　十三至十四

網山集八卷　宋林亦之撰　存四卷　一至
四

矩山存稿五卷　宋徐經孫撰　存三卷　一
至三

八行二十一字　四周雙邊　白口

21×13.8 釐米

浙大

叢 0087

雅雨堂叢書一百三十八卷

清盧見曾編

清乾隆二十一年至二十五年(1756—
1760)盧氏雅雨堂刻本

易傳十七卷　唐李鼎祚集解

周易音義一卷　唐陸德明撰

鄭氏周易三卷圖一卷　漢鄭玄注　宋鄞縣
王應麟輯　清惠棟增補

尚書大傳四卷補遺一卷續補遺一卷　漢鄭
玄注　清仁和盧文弨輯　攷異一卷　清
仁和盧文弨撰

周易乾鑿度二卷　漢鄭玄撰

大戴禮記十三卷　題北周盧辯注

戰國策三十三卷　漢高誘注

匡謬正俗八卷　唐顏師古撰

封氏聞見記十卷　唐封演撰

摭言十五卷　五代王定保撰

北夢瑣言二十卷　宋孫光憲撰

文昌雜錄六卷補遺一卷　宋龐元英撰

鄭司農集一卷　漢鄭玄撰

十行二十一字　四周單邊　白口

18.4×14.4 釐米

溫圖　義烏圖 *

叢 0088

抱經堂叢書二百七十五卷

清仁和盧文弨編

清乾隆四十九年至嘉慶元年(1784—
1796)盧氏抱經堂刻本

存一百九十卷

經典釋文三十卷　唐陸德明撰　考證三十
卷　清仁和盧文弨撰　乾隆五十六年
(1791)刻

儀禮注疏詳校十七卷　清仁和盧文弨撰
乾隆六十年(1795)刻

逸周書十卷　晉孔晁注　校正補遺一卷
乾隆五十一年(1786)刻

白虎通四卷　漢班固撰　白虎通義考一卷
清莊述祖撰　白虎通闕文一卷　清莊述
祖輯　校勘補遺一卷　清仁和盧文弨撰
乾隆四十九年(1784)刻

輶軒使者絕代語釋別國方言十三卷　漢揚
雄撰　晉郭璞注　校正補遺一卷　清仁
和盧文弨撰　乾隆四十九年(1784)刻

新書十卷　漢賈誼撰

春秋繁露十七卷　漢董仲舒撰　附錄一卷
清仁和盧文弨撰

顏氏家訓七卷　北齊顏之推撰　清趙曦明
注　傳一卷　清仁和盧文弨注釋　重校
正一卷補遺一卷　清仁和盧文弨撰　補
正一卷　清錢大昕撰　乾隆五十四年
(1789)刻

群書拾補初編三十九卷　清仁和盧文弨撰

五經正義表補逸一卷

周易注疏校正一卷

周易略例校正一卷

尚書注疏校正一卷

春秋左傳注疏校正一卷

禮記注疏校正一卷

儀禮注疏校正一卷

呂氏讀詩記補闕一卷

史記惠景間侯者年表校補一卷

續漢書志注補校正一卷

晉書校正一卷

魏書校補一卷

宋史孝宗紀補脫一卷

彙編叢書

金史補脱一卷

資治通鑑序補逸一卷

文獻通考經籍校補一卷

史通校正一卷

新唐書糾謬校補一卷

山海經圖讚補逸一卷

水經敘補逸一卷

宋史藝文志補一卷

補遼金元藝文志一卷

鹽鐵論校補一卷

新序校補一卷

説苑校補一卷

申鑒校正一卷

列子張湛注校正一卷

韓非子校正一卷

晏子春秋校正一卷

風俗通義校正逸文一卷

新論校正一卷

潛虛校正一卷

春渚紀聞補闕一卷

嘯堂集古錄校補一卷

鮑照集校補一卷

韋蘇州集校正拾遺一卷

元微之文集校補一卷

白氏文集校正一卷

林和靖集校正一卷

鍾山札記四卷　清仁和盧文弨撰　乾隆五

十五年（1790）刻

十行二十一字　左右雙邊　白口

17.6×13 釐米

浙圖＊　杭圖＊　溫圖＊　平湖圖＊

叢0089

奇晉齋叢書十九卷

清平湖陸烜編

清乾隆三十四年（1769）陸烜奇晉齋刻本

松牕雜錄一卷　唐李濬撰

灌畦暇語一卷　唐□□撰

平巢事蹟考一卷　宋□□撰

采石瓜州斃亮記一卷　宋蹇駒撰

鶴山筆錄一卷　宋魏了翁撰

臨漢隱居詩話一卷　宋魏泰撰

北牕炙輠錄二卷　宋海寧施德操撰

文山題跋一卷　宋文天祥撰

遺山題跋一卷　金元好問撰

大理行記一卷　元郭松年撰

雲煙過眼續錄一卷　元湯允謨撰

寓意編一卷　明都穆撰

快雪堂漫錄一卷　明秀水馮夢禎撰

筆塵一卷　明莫是龍撰

雲間雜誌三卷　明□□撰

雲南山川志一卷　明楊慎撰

八行十九字　左右雙邊　白口

19×13.1 釐米

浙圖　嘉圖

叢0090

微波榭叢書一百四十五卷

清孔繼涵編

清乾隆（1736—1795）孔氏刻本

存一百六卷

戴氏遺書　清戴震撰

文集十卷

毛鄭詩考正四卷首一卷　乾隆四十二年

（1777）刻

杲溪詩經補注二卷　乾隆十二年（1747）

刻

考工記圖二卷　乾隆四十四年（1779）刻

孟子字義疏證三卷

聲韻攷四卷　乾隆四十四年（1779）刻

聲類表九卷首一卷　乾隆十二年（1747）

刻

原善三卷　乾隆四十二年（1777）刻

原象一卷　乾隆四十二年（1777）刻

續天文略二卷

水地記一卷

輶軒使者絕代語釋別國方言十三卷

春秋地名一卷　晉杜預撰

春秋長歷一卷　晉杜預撰

春秋金鎖匙一卷　元趙汸撰

國語補音三卷　宋宋庠撰

孟子趙注十四卷　漢趙岐撰

孟子音義二卷　宋孫奭撰

五經文字三卷　唐張參撰

附

　五經文字疑一卷　　清孔繼涵撰

　新加九經字樣一卷　　唐唐玄度撰

附

　九經字樣疑一卷　　清孔繼涵撰

水經釋地八卷　　清孔繼涵撰

雜體文稾七卷　　清孔繼涵撰

紅榈書屋詩集四卷　　清孔繼涵撰

斫冰詞三卷　　清孔繼涵撰

行款、尺寸不一

浙圖

叢0091

古書十八卷

清乾隆五十三年（1788）閔鏜抄本

大學石經一卷

大學古本一卷

京氏易略一卷　　漢京房撰

周易舉正一卷　　唐郭京撰

周易稽疑一卷　　明朱睦㮮撰

三禮敘錄一卷　　元吳澄撰

九經補韻一卷　　宋楊伯嵒撰

小爾雅一卷　　漢孔鮒撰

發音錄一卷　　明張位撰

金壺字考一卷　　宋釋適之撰

綱目疑誤一卷　　宋周密撰

新唐書糾謬一卷　　宋吳縝撰

莊子闕誤一卷　　明楊慎撰

詩小序一卷

詩傳一卷

詩說一卷　　漢申培撰

毛詩草木鳥獸蟲魚疏二卷　　晉陸璣撰

浙圖

叢0092

知不足齋叢書三十集八百十卷

清鮑廷博編　　清桐鄉鮑志祖續編

清乾隆至道光（1736—1850）鮑氏刻本

首帙

　御覽闕史二卷　　唐高彥休撰

第一集

古文孝經孔氏傳一卷　　漢孔安國撰　　日本太宰純音　　乾隆四十一年（1776）刻

寓簡十卷附錄一卷　　宋沈作喆撰　　乾隆四十年（1775）刻

兩漢刊誤補遺十卷附錄一卷　　宋吳仁傑撰　　乾隆四十一年（1776）刻

涉史隨筆一卷　　宋葛洪撰　　乾隆四十年（1775）刻

客杭日記一卷　　元郭畀撰　　乾隆三十七年（1772）刻

韻石齋筆談二卷　　清姜紹書撰

七頌堂識小錄一卷　　清劉體仁撰

第二集

公是先生弟子記一卷　　宋劉敞撰　　乾隆四十年（1775）刻

經筵玉音問答一卷　　宋胡銓撰

䂬溪詩話十卷　　宋黃徹撰　　乾隆四十一年（1776）刻

獨醒雜志十卷附錄一卷　　宋曾敏行撰　　乾隆四十年（1775）刻

梁谿漫志十卷附錄一卷　　宋費袞撰　　乾隆四十一年（1776）刻

赤雅三卷　　明鄺露撰　　乾隆三十四年（1769）刻

諸史然疑一卷　　清仁和杭世駿撰　　乾隆四十五年（1780）刻

榕城詩話三卷　　清仁和杭世駿撰　　乾隆四十年（1775）刻

第三集

入蜀記六卷　　宋山陰陸游撰

猗覺寮雜記二卷　　宋朱翌撰　　乾隆四十一年（1776）刻

對牀夜語五卷　　宋范晞文撰　　乾隆三十七年（1772）刻

歸田詩話三卷　　明錢塘瞿佑撰　　乾隆四十年（1775）刻

南濠詩話一卷　　明都穆撰　　乾隆三十八年（1773）刻

麓堂詩話一卷　　明李東陽撰　　乾隆四十年（1775）刻

石墨鐫華八卷　　明趙崡撰　　乾隆三十九年（1774）刻

第四集

年(1782)刻

伯牙琴一卷續補一卷　宋錢塘鄧牧撰

乾隆五十一年(1786)刻

洞霄詩集十四卷　元孟宗寶輯

石湖詞一卷補遺一卷　宋范成大撰

附

　和石湖詞一卷　宋陳三聘撰

花外集一卷　宋王沂孫撰

第十二集

昌武段氏詩義指南一卷　宋段昌武撰

離騷集傳一卷　宋錢杲之撰

江淮異人錄一卷　宋吳淑撰　乾隆五十

二年(1787)刻

慶元黨禁一卷　題宋樵川樵叟撰

酒經三卷　宋朱肱撰　乾隆五十年

(1785)刻

山居新話一卷　元楊瑀撰

鬼董五卷　宋沈□撰　乾隆五十一年

(1786)刻

墨史三卷　元陸友撰

畫訣一卷　清龔賢撰

畫筌一卷　清笪重光撰　清王翬、惲格評

今水經一卷表一卷　清餘姚黃宗羲撰

佐治藥言一卷續一卷　清蕭山汪輝祖撰

乾隆五十一年(1786)刻

第十三集

相臺書塾刊正九經三傳沿革例一卷　宋

岳珂撰

元真子三卷　唐婺州張志和撰

翰苑群書二卷　宋洪遵輯

卷上

翰林志　唐李肇撰

承旨學士院記　唐元稹撰

翰林學士記　唐韋處厚撰

翰林院故事　唐韋執誼撰

翰林學士院舊規　唐楊鉅撰

重修承旨學士壁記　唐丁居晦撰

禁林讌會集　宋李昉等撰

卷下

續翰林志　宋蘇易簡撰

次續翰林志　宋蘇耆撰

學士年表　宋□□撰

翰苑題名　宋□□撰

翰苑遺事　宋洪遵撰

朝野類要五卷　宋趙升撰

碧血錄二卷　明黃煜輯

附

　周端孝先生血疏貼黃冊一卷　明周茂

蘭撰

逍遙集一卷　宋潘閬撰

百正集三卷　宋連文鳳撰

張子野詞二卷補遺二卷　宋烏程張先撰

乾隆五十三年(1788)刻

貞居詞一卷補遺一卷　元錢塘張雨撰

第十四集

籀紀一卷　陳陳叔齊撰

潛虛一卷　宋司馬光撰

附

　潛虛發微論一卷　宋張敦實撰

袁氏世範三卷　宋袁采撰　乾隆五十五

年(1790)刻

附

　集事詩鑒一卷　宋方昕撰

天水冰山錄一卷附錄一卷　明□□撰

附

　鈐山堂書畫記一卷　明文嘉撰

第十五集

新唐書糾繆二十卷附錄一卷　宋吳縝撰　清

錢大昕校

修唐書史臣表一卷　清錢大昕撰

洞霄圖志六卷　宋錢塘鄧牧撰

聲隅子歔欷瑣微論二卷　宋黃晞撰　乾隆五

十七年(1792)刻

世緯二卷附錄一卷　明袁袠撰　乾隆五十七

年(1792)刻

第十六集

皇宋書錄三卷　宋董史撰　乾隆五十九年

(1794)刻

宣和奉使高麗圖經四十卷附錄一卷　宋徐兢

撰　乾隆五十八年(1793)刻

武林舊事十卷附錄一卷　宋周密撰　乾隆五

十八年(1793)刻

錢塘先賢傳贊一卷附錄一卷　宋鄞縣袁韶撰

第十七集

五代史纂誤三卷　宋吳縝撰

嶺外代答十卷　宋周去非撰

南窗紀談一卷

蘇沈内翰良方十卷　宋蘇軾、錢塘沈括撰
乾隆五十八年(1793)刻

浦陽人物記二卷　明浦江宋濂撰

第十八集

宜州乙酉家乘一卷　宋黃庭堅撰　乾隆五十九年(1794)刻

吳船錄二卷　宋范成大撰

清波雜志十二卷別志三卷　宋錢塘周煇撰

蜀難敘略一卷　清沈荀蔚撰

灊山集三卷補遺一卷附錄一卷　宋朱翌撰

頤菴居士集二卷　宋劉應時撰

第十九集

文苑英華辨證十卷　宋彭叔夏撰　乾隆六十年(1795)刻

詩紀匡謬一卷　清馮舒撰

西塘集耆舊續聞十卷　宋陳鵠撰　乾隆五十八年(1793)刻

山房隨筆一卷　元蔣子正撰　乾隆五十三年(1788)刻

勿菴歷算書目一卷　清梅文鼎撰

黃山領要錄二卷　清汪洪度撰

世善堂藏書目錄二卷　明陳第撰　乾隆六十年(1795)刻

第二十集

測圓海鏡細草十二卷　元李冶撰　嘉慶三年(1798)刻

蘆浦筆記十卷　宋劉昌詩撰　嘉慶三年(1798)刻

五代史記纂誤補四卷　清歸安吳蘭庭撰

山靜居畫論二卷　清方薰撰

茗香詩論一卷　清仁和宋大樽撰

第二十一集

孝經鄭註一卷　漢鄭玄撰　補證一卷　清臨海洪頤煊撰　嘉慶六年(1801)刻

孝經鄭氏解一卷　漢鄭玄撰　清臧庸輯

益古演段三卷　元李冶撰　嘉慶二年(1797)刻

弧矢算術細草一卷　清李銳撰

五總志一卷　宋吳炯撰

黃氏日抄古今紀要逸編一卷　宋慈溪黃震撰

丙寅北行日譜一卷　明朱祖文撰

粵行紀事三卷　清瞿昌文撰

滇黔土司婚禮記一卷　清陳鼎撰

三山鄭菊山先生清雋集一卷　宋鄭起撰　元錢塘仇遠選

所南翁一百二十圖詩集一卷錦錢餘笑一卷附錄一卷　宋鄭思肖撰

鄭所南先生文集一卷　宋鄭思肖撰

第二十二集

重彫足本鑒誡錄十卷　後蜀何光遠撰　嘉慶八年(1803)刻

侯鯖錄八卷　宋趙令畤撰　嘉慶八年(1803)刻

松窗百説一卷　宋李季可撰　嘉慶八年(1803)刻

北軒筆記一卷　元陳世隆撰

藏海詩話一卷　宋吳可撰

吳禮部詩話一卷　元東陽吳師道撰

畫墁集八卷補遺一卷　宋張舜民撰

第二十三集

讀易別錄三卷　清鄞縣全祖望撰

古今偽書考一卷　清姚際恒撰

澠水燕談錄十卷　宋王闢之撰

石湖紀行三錄二卷　宋范成大撰
(吳船錄二卷收入第十八集)
攬轡錄一卷　嘉慶十年(1805)刻
驂鸞錄一卷　嘉慶十年(1805)刻
附
桂海虞衡志一卷　宋范成大撰

北行日錄二卷　宋鄞縣樓鑰撰

放翁家訓一卷　宋山陰陸游撰

庶齋老學叢談三卷　元盛如梓撰　嘉慶十年(1805)刻

湛淵遺藁三卷補一卷　元錢塘白珽撰　嘉慶八年(1803)刻

趙待制遺藁一卷　元趙雍撰
附
王國器詞一卷　元王國器撰

灤京雜詠二卷　元楊允孚撰　嘉慶十年(1805)刻

陽春集一卷　宋米友仁撰

草窗詞二卷補二卷　宋周密撰

第二十四集

吹劍錄外集一卷　宋括蒼俞文豹撰

宋遺民錄十五卷　明程敏政輯

天地閒集一卷　宋謝翱輯

宋舊宮人詩詞一卷　宋錢塘汪元量輯

竹譜詳錄七卷　元李衎撰　嘉慶十三年
（1808）刻

書學捷要二卷　清秀水朱履貞撰　嘉慶十三
年（1808）刻

第二十五集

履齋示兒編二十三卷　宋孫奕撰　校補一卷
覆校一卷　清顧廣圻撰　嘉慶十六年
（1811）刻

霽山先生集五卷首一卷拾遺一卷　宋平陽林
景熙撰　元章祖程注　嘉慶十五年
（1810）刻

第二十六集

五行大義五卷　隋蕭吉撰　嘉慶十八年
（1813）刻

負暄野錄二卷　宋陳槱撰

古刻叢鈔一卷　明黃巖陶宗儀撰

梅花喜神譜二卷　宋宋伯仁撰

斜川集六卷附錄二卷訂誤一卷　宋蘇過撰
乾隆五十三年至嘉慶十五年（1788—
1810）刻

第二十七集

道命錄十卷　宋李心傳輯

曲洧舊聞十卷　宋朱弁撰

字通一卷　宋李從周撰

透簾細草一卷

續古摘奇算法一卷　宋楊輝撰

丁巨算法一卷　元丁巨撰

緝古算經細草三卷　清張敦仁撰

第二十八集

雲林石譜三卷　宋山陰杜綰撰　嘉慶十九年
（1814）刻

附

縉雲石圖記一卷　清馬汶撰

夢粱錄二十卷　宋錢塘吳自牧撰

靜春堂詩集四卷附錄三卷　元袁易撰

附

紅蕙山房吟稾一卷附錄一卷　清袁廷檮撰

第二十九集

梧溪集七卷補遺一卷　元王逢撰　道光三年
（1823）刻

困學齋雜錄一卷　元鮮于樞撰

第三十集

克庵先生尊德性齋小集三卷補遺一卷　宋程
洵撰

麈史三卷　宋王得臣撰

全唐詩逸三卷　日本河世寧輯　道光三年
（1823）刻

中吳紀聞六卷　宋龔明之撰

廣釋名二卷　清張金吾撰

餘姚兩孝子萬里尋親記一卷　清翁廣平撰

畫梅題記一卷　清朱方藹撰

九行二十一字　小字雙行　左右雙邊　黑口

12.8×9.8 釐米

浙圖　嘉圖＊

叢0093

函海四十函八百二十七卷

清李調元編

清乾隆（1736—1795）李氏萬卷樓刻嘉慶
十四年（1809）李鼎元重校印本

第一函

華陽國志十二卷　晉常璩撰

郭子翼莊一卷　晉郭象撰　明高葉輯

古今同姓名錄二卷　梁元帝撰　唐陸善
經續　元葉森補

素履子三卷　唐張弧撰

第二函

說文解字韻譜五卷　南唐徐鍇撰

緝古算經一卷　唐王孝通撰

主客圖一卷　唐張爲撰

蘇氏演義二卷　唐蘇鶚撰

寶藏論一卷　後秦釋僧肇撰

心要經一卷　唐釋道㲼譯

金華子雜編二卷　南唐劉崇遠撰

第三函

易傳燈四卷　宋徐□撰

鄭氏古文尚書十卷　漢鄭玄注　宋鄞縣
王應麟撰集　清李調元案

程氏考古編十卷　宋程大昌撰

敷文鄭氏書說一卷　宋鄭伯熊撰

洪範統一一卷　宋餘杭趙善湘撰

孟子外書四篇四卷　宋熙時子注

續孟子二卷　唐林慎思撰

畫品一卷　明楊慎撰

金石古文十四卷　明楊慎輯

古文韻語一卷　明楊慎輯

石鼓文音釋三卷　明楊慎撰

第十七函

風雅逸篇十卷　明楊慎輯

古今風謠一卷　明楊慎輯

古今諺一卷　明楊慎輯

俗言一卷　明楊慎撰

麗情集一卷乐麗情集一卷　明楊慎撰

墐户錄一卷　明楊慎撰

雲南山川志一卷　明楊慎撰

滇載記一卷　明楊慎撰

第十八函

丹鉛雜錄十卷　明楊慎撰

玉名詁一卷　明楊慎撰

異魚圖贊四卷　明楊慎撰

升庵先生年譜一卷　明□□撰

異魚圖贊補三卷　清胡世安撰

第十九函

大學古本旁註一卷　明餘姚王守仁撰

月令氣候圖説一卷　清李調元撰

尚書古文考一卷　日本山井鼎撰

詩音辯略二卷　明楊貞一撰

左傳事緯四卷　清馬驌撰

夏小正箋一卷　清李調元撰

蜀語一卷　明李實撰

蜀碑記十卷　宋王象之撰

中麓畫品一卷　明李開先撰

卮辭一卷　明義烏王禕撰

第二十函

周禮摘箋五卷　清李調元撰

儀禮古今考二卷　清李調元撰

禮記補註四卷　清李調元撰

易古文三卷　清李調元撰

逸孟子一卷　清李調元輯

十三經注疏錦字四卷　清李調元輯

左傳官名考二卷　清李調元撰

春秋三傳比二卷　清李調元撰

第二十一函

蜀碑記補十卷　清李調元撰

卍齋璅錄十卷　清李調元撰

諸家藏畫簿十卷　清李調元輯

博物要覽十二卷　清谷應泰撰

第二十二函

金石存十卷　清吳玉搢輯

第二十三函

通俗編十五卷　清仁和翟灝撰

第二十四函

南越筆記十六卷　清李調元撰

第二十五函

賦話十卷　清李調元撰

詩話二卷　清李調元撰

詞話四卷　清李調元撰

曲話二卷　清李調元撰

六書分毫三卷　清李調元撰

古音合二卷　清李調元撰

第二十六函

尾蔗叢談四卷　清李調元撰

奇字名十二卷　清李調元撰

樂府侍兒小名二卷　清李調元撰

通詁二卷　清李調元撰

剿説四卷　清李調元撰

第二十七函

四家選集二十九卷　清張懷湘輯

小倉選集八卷　清錢塘袁枚撰

夢樓選集四卷　清海鹽王文治撰

甌北選集五卷　清趙翼撰

童山選集十二卷　清李調元撰

第二十八函

制義科瑣記四卷　清李調元撰

然犀志二卷　清李調元撰

出口程記一卷　清李調元撰

方言藻二卷　清李調元撰

粵風四卷　清李調元輯

粵歌一卷　清吳湛輯

猺歌一卷　清趙龍文輯

苗歌一卷　清吳代輯

獞歌一卷　清黃道輯

第二十九函

蜀雅二十卷　清李調元輯

第三十函

醒園錄二卷　清李化楠撰

萬善堂集十卷李石亭文集六卷　清李化楠撰

第三十一函至第三十四函

全五代詩九十卷　清李調元輯

第三十五函至第三十七函

童山詩集四十二卷文集二十卷　清李調
元撰

第三十八函

粵東皇華集四卷　清李調元撰

第三十九函

淡墨錄十六卷　清李調元撰

第四十函

羅江縣志十卷　清李調元撰

十行二十字　四周雙邊　白口

19.1×14.1 釐米

浙圖　上虞圖 *

叢0094

經訓堂叢書一百六十九卷

清畢沅編

清乾隆(1736—1795)畢氏靈巖山館刻本

山海經十八卷　晉郭璞傳　清畢沅校　乾
隆四十八年(1783)刻

夏小正攷注一卷　清畢沅撰　乾隆四十八
年(1783)刻

老子道德經攷異二卷　清畢沅撰　乾隆四
十八年(1783)刻

墨子十六卷附篇目考一卷　清畢沅校注
乾隆四十九年(1784)刻

晏子春秋七卷　清孫星衍校　音義二卷
清孫星衍撰　乾隆五十三年(1788)刻

呂氏春秋二十六卷　秦呂不韋撰　漢高誘
注　附考一卷　清畢沅輯校　乾隆五十
三年(1788)刻

釋名疏證八卷補遺一卷續釋名一卷（正字
本）　清畢沅撰　乾隆五十四年(1789)刻

釋名疏證八卷補遺一卷續釋名一卷（篆字
本）　清畢沅撰　乾隆五十五年(1790)刻

王隱晉書地道記一卷　晉王隱撰　清畢沅
輯　乾隆四十九年(1784)刻

晉太康三年地記一卷　晉□□撰　清畢沅
輯　乾隆四十九年(1784)刻

晉書地理志新補正五卷　清畢沅撰　乾隆
四十九年(1784)刻

三輔黃圖六卷補遺一卷　漢□□撰　清畢

沅校　乾隆四十九年(1784)刻

長安志二十卷　宋宋敏求撰　附圖三卷
元李好文繪　□張敏同校正　清畢沅校
乾隆四十九年(1784)刻

易漢學八卷　清惠棟撰

說文解字舊音一卷　清畢沅輯　乾隆四十
八年(1783)刻

明堂大道錄八卷　清惠棟撰

禘說二卷　清惠棟撰

關中金石記八卷　清畢沅撰　乾隆四十六
年(1781)刻

中州金石記五卷　清畢沅撰

音同義異辯一卷　清畢沅撰

經典文字辨證書五卷　清畢沅撰　乾隆四
十九年(1784)刻

行款不一

19.8×14.9 釐米

浙圖　溫圖　上虞圖 *

叢0095

拜經堂叢書六十六卷

清臧庸編

清乾隆至嘉慶(1736—1820)臧氏拜經堂
刻本

拜經日記十二卷　清臧庸撰

經義雜記三十卷　清臧琳撰　敘錄一卷
清臧庸撰

盧氏禮記解詁一卷　漢盧植撰　補遺一卷
附錄一卷　清臧庸輯

新釋大方廣佛華嚴經音義二卷　唐釋慧苑
撰　敘錄一卷　清臧庸輯

詩經小學四卷　清段玉裁撰

爾雅三卷　晉郭璞注

漢書音義三卷　隋蕭該撰　敘錄一卷　清
臧庸撰

三禮目錄一卷　漢鄭玄撰　清臧庸輯

六藝論一卷　漢鄭玄撰　清臧琳輯　清臧
庸補輯

蔡氏月令章句二卷　漢蔡邕撰　清臧庸輯

十行二十一字　左右雙邊　白口

溫圖

叢 0096

貸園叢書初集四十九卷

清周永年編

清乾隆（1736—1795）李文藻刻五十四年
（1789）周永年竹西書屋重編印本

九經古義十六卷　清惠棟撰　乾隆三十八
年（1773）刻

易例二卷　清惠棟撰　乾隆三十九年
（1774）刻

春秋左傳補註六卷　清惠棟撰　乾隆三十
九年（1774）刻

左傳評三卷　清李文淵撰　乾隆四十年
（1775）刻

古韻標準四卷詩韻舉例一卷　清江永撰
清戴震參定　乾隆三十六年（1771）刻

四聲切韻表一卷凡例一卷　清江永撰

聲韻攷四卷　清戴震撰

石刻鋪敘二卷　宋曾宏父撰

鳳墅殘帖釋文二卷　清錢大昕撰

三事忠告四卷　元張養浩撰

牧民忠告二卷

風憲忠告一卷

廟堂忠告一卷

蒿菴閒話二卷　清張爾岐撰　乾隆四十年
（1775）刻

談龍錄一卷　清趙執信撰

十一行二十二字　左右雙邊　黑口

尺寸不一

浙圖　嘉圖

叢 0097

龍威祕書十集三百二十四卷

清石門馬俊良編

清乾隆五十九年（1794）馬氏大酉山房刻
本

一集　漢魏叢書採珍

小爾雅一卷　漢孔鮒撰

群輔錄一卷　晉陶潛撰

南方草木狀三卷　晉嵇含撰

西京雜記六卷　漢劉歆撰

海內十洲記一卷　漢東方朔撰

搜神記八卷　晉海鹽干寶撰

神仙傳十卷　晉葛洪撰

神異經一卷　漢東方朔撰　晉張華注

穆天子傳六卷　晉郭璞注

漢武帝內傳一卷　漢班固撰

飛燕外傳一卷　漢伶玄撰

雜事祕辛一卷　漢□□撰

述異記二卷　梁任昉撰

枕中書一卷　晉葛洪撰

別國洞冥記四卷　漢郭憲撰

詩品三卷　梁鍾嶸撰

鼎錄一卷　梁虞荔撰

竹譜一卷　晉戴凱之撰

古今刀劍錄一卷　梁陶弘景撰

二集　四庫論錄

江淮異人錄一卷　宋吳淑撰

離騷集傳一卷　宋錢杲之撰

離騷草木疏四卷　宋吳仁傑撰

御覽闕史二卷　唐高彥休撰

農書三卷　宋陳旉撰

蠶書一卷　宋秦觀撰

於潛令樓公進耕織二圖詩一卷附錄一卷
宋鄞縣樓璹撰

江南餘載二卷　宋鄭文寶撰

五國故事二卷　宋□□撰

故宮遺錄一卷　明蕭洵撰

赤雅三卷　明鄺露撰

平臺紀略一卷　清藍鼎元撰

雲仙雜記一卷　唐馮贄撰

三集　歷代詩話

二十四詩品一卷　唐司空圖撰

本事詩一卷　唐孟棨撰

雲溪友議三卷　唐會稽范攄撰

本朝名字詩鈔小傳四卷　清鄭方坤撰

蓮坡詩話三卷　清查為仁撰

歸田詩話三卷　明錢塘瞿佑撰

臨漢隱居詩話一卷　宋魏泰撰

滹南詩話三卷　金王若虛撰

四集　晉唐小說暢觀

酉陽雜俎二卷　唐段成式撰

諾皋記一卷　唐段成式撰

博異志一卷　唐鄭還古撰

李泌傳一卷　唐李蘩撰

仙吏傳一卷　唐太上隱者撰

彙編叢書

英雄傳一卷　唐雍陶撰

劍俠傳一卷　唐段成式撰

柳毅傳一卷　唐李朝威撰

虬髯客傳一卷　唐張説撰

馮燕傳一卷　唐吳興沈亞之撰

蔣子文傳一卷　唐羅鄴撰

杜子春傳一卷　唐鄭還古撰

龍女傳一卷　唐薛瑩撰

妙女傳一卷　唐顧非熊撰

神女傳一卷　唐孫頠撰

楊太真外傳二卷　宋樂史撰

長恨歌傳一卷　唐陳鴻撰

梅妃傳一卷　唐曹鄴撰

紅線傳一卷　唐楊巨源撰

劉無雙傳一卷　唐薛調撰

霍小玉傳一卷　唐蔣防撰

牛應貞傳一卷　唐宋若昭撰

謝小娥傳一卷　唐李公佐撰

李娃傳一卷　唐白行簡撰

章臺柳傳一卷　唐許堯佐撰

非烟傳一卷　唐皇甫枚撰

會真記一卷　唐元稹撰

黑心符一卷　唐于義方撰

南柯記一卷　唐李公佐撰

枕中記一卷　唐李泌撰

高力士傳一卷　唐郭湜撰

白猿傳一卷　唐□□撰

任氏傳一卷　唐沈既濟撰

袁氏傳一卷　後蜀顧夐撰

揚州夢記一卷　唐于鄴撰

妝樓記一卷　南唐張泌撰

雷民傳一卷　唐沈既濟撰

離魂記一卷　唐陳元祐撰

再生記一卷　後蜀閻選撰

夢遊錄一卷　唐任蕃撰

三夢記一卷　唐白行簡撰

幽怪錄一卷　唐王悰撰

續幽怪錄一卷　唐李復言撰

幻戲志一卷　唐蔣防撰

幻異志一卷　唐孫頠撰

靈應傳一卷　唐□□撰

才鬼記一卷　唐鄭蕡撰

靈鬼志一卷　唐常沂撰

玄怪記一卷　唐徐炫撰

續玄怪錄一卷

昌黎雜説一卷　唐韓愈撰

錄異記一卷　前蜀杜光庭撰

飛燕遺事一卷

趙后遺事一卷　宋秦醇撰

搜神後記一卷　晉陶潛撰

窮怪錄一卷

幽怪錄一卷　唐牛僧孺撰

古鏡記一卷　隋王度撰

楊娼傳一卷　唐房千里撰

五集　古今叢説拾遺

輶軒絕代語一卷　漢揚雄撰

臆乘一卷　宋楊伯喦撰

吉凶影響錄一卷　宋岑象求撰

桯史一卷　宋岳珂撰

仇池筆記一卷　宋蘇軾撰

東齋記事一卷　宋許觀撰

漁樵閒話一卷　宋蘇軾撰

廬陵雜説一卷　宋歐陽修撰

遺史記聞一卷　宋詹玠撰

摭青雜説一卷　宋王明清撰

折獄龜鑑一卷　宋鄭克撰

搜神祕覽一卷　宋章炳文撰

玉溪編事一卷　五代□□撰

乘異記一卷　宋張君房撰

廣異記一卷　唐戴孚撰

近異錄一卷　劉宋劉質撰

甄異記一卷　晉戴祚撰

旌異記一卷　隋侯白撰

睽車志一卷　宋郭彖撰

雞肋一卷　宋趙崇絢撰

虎口餘生記一卷　明邊大綬撰

小娥傳一卷

陶説六卷　清海鹽朱琰撰

鬼董五卷　宋沈□撰

説郛雜著十卷　清石門馬俊良輯

　乾饌子一卷　唐溫庭筠撰

　志林一卷　宋蘇軾撰

　金樓子一卷　梁元帝撰

　五色線一卷　宋□□撰

　雲齋廣錄一卷　宋李獻民撰

　田間書一卷　宋林芳撰

席上腐談一卷　宋俞琰撰

王烈婦一卷

平定交南錄一卷　明丘濬撰

西北域記一卷　清謝濟世撰

考槃餘事四卷　明鄞縣屠隆撰

書箋

帖箋　（以上合一卷）

畫箋

紙箋

筆箋

墨箋

硯箋

琴箋　（以上合一卷）

香箋

茶箋

盆玩箋

魚鶴箋

山齋箋　（以上合一卷）

起居器服箋

文房器具箋

遊具箋　（以上合一卷）

六集

麗體金膏八卷　清石門馬俊良輯

七集　吳氏説鈴攬勝

金鰲退食筆記二卷　清錢塘高士奇撰

京東考古錄一卷　清顧炎武撰

山東考古錄一卷　清顧炎武撰

泰山紀勝一卷　清孔貞瑄撰

隴蜀餘聞一卷　清王士禎撰

板橋雜記三卷　清余懷撰

揚州鼓吹詞序一卷　清吳綺撰

匡廬紀游一卷　清吳闡思撰

遊雁蕩山記一卷　清周清原撰

甌江逸志一卷　清勞大與撰

湖壖雜記一卷　清錢塘陸次雲撰

峒谿纖志一卷　清錢塘陸次雲撰

坤輿外紀一卷　比利時南懷仁撰

嶺南雜記一卷　清石門吳震方撰

封長白山記一卷　清遂安方象瑛撰

使琉球紀一卷　清張學禮撰

閩小紀二卷　清周亮工撰

臺灣紀略一卷　清林謙光撰

臺灣雜記一卷　清季麒光撰

安南紀遊一卷　清潘鼎珪撰

粵述一卷　清閔敘撰

粵西偶記一卷　清平湖陸祚蕃撰

滇黔紀遊一卷　清陳鼎撰

滇行紀程一卷續抄一卷　清許纘曾撰

東還紀程一卷續抄一卷　清許纘曾撰

八集　西河經義存醇　清蕭山毛奇齡撰

推易始末四卷　清蕭山毛奇齡撰

春秋屬辭比事記四卷　清蕭山毛奇齡撰

春秋占筮書三卷　清蕭山毛奇齡撰

韻學指要一卷　清蕭山毛奇齡撰

竟山樂錄四卷　清蕭山毛奇齡撰

李氏學樂錄二卷　清李塨撰

論語稽求篇七卷　清蕭山毛奇齡撰

大學證文一卷　清蕭山毛奇齡撰

明堂問一卷　清蕭山毛奇齡撰

白鷺洲主客説詩一卷　清蕭山毛奇齡撰

續詩傳鳥名三卷　清蕭山毛奇齡撰

九集　荒外奇書

八紘譯史四卷　清錢塘陸次雲撰

八紘荒史一卷　清錢塘陸次雲撰

譯史紀餘四卷　清錢塘陸次雲撰

西番譯語一卷

外國竹枝詞一卷　清尤侗撰　清尤珍注

西藏記二卷　清□□撰

十集

説文解字繫傳四十卷附錄一卷　南唐徐

鍇撰

九行二十字　左右雙邊　白口

12.3 × 9.6 釐米

浙圖　桐鄉圖＊

叢 0098

岱南閣叢書一百五十卷

清孫星衍編

清乾隆至嘉慶（1736—1820）蘭陵孫氏刻

本

古文尚書十卷　漢馬融、鄭玄注　宋鄞縣王

應麟輯　清孫星衍補輯　逸文二卷　清

江聲輯　清孫星衍補訂　乾隆六十年

（1795）刻

春秋釋例十五卷　晉杜預撰　清莊述祖、孫

星衍校

蒼頡篇三卷　清孫星衍輯　乾隆五十年
（1785）刻

燕丹子三卷　清孫星衍輯

孫子十家註十三卷　宋吉天保輯　清孫星
衍、吳人驥校　敘錄一卷　清畢以珣撰
遺説一卷　宋鄭友賢撰

元和郡縣圖志四十卷（原缺六卷　十九至二
十、二十三至二十四、三十五至三十六）
唐李吉甫撰　闕卷逸文一卷　清孫星衍
撰　嘉慶元年（1796）刻

括地志八卷　唐李泰等撰　清孫星衍輯
嘉慶二年（1797）刻

故唐律疏議三十卷　唐長孫無忌等撰　釋
文纂例一卷　元王元亮撰　嘉慶十二年
（1807）影元余氏勤有堂刻本

宋提刑洗冤錄五卷　宋宋慈編
附

聖朝頒降新例一卷　元□□輯　嘉慶十
二年（1807）影元刻本

古文苑九卷　宋□□輯　嘉慶十四年
（1809）影宋刻本

問字堂集六卷　清孫星衍撰

岱南閣集二卷　清孫星衍撰

沛上停雲集一卷　清孫星衍撰

平津館文稿二卷　清孫星衍撰　嘉慶十一
年（1806）刻

五松園文稿一卷　清孫星衍撰

嘉穀堂集一卷　清孫星衍撰

浙圖

叢 0099

石經閣叢書七卷

清嘉興馮登府編

稿本

全唐詩未備書目一卷　清秀水朱彝尊輯

明詩綜採輯書目一卷　清秀水朱彝尊輯

兩淮鹽筴書引證群書目錄一卷　清秀水朱
彝尊輯

宋金交聘表一卷

風懷詩補註一卷　清嘉興馮登府撰

酌史巖摭譚一卷　清嘉興馮登府撰

石經閣日抄一卷　清嘉興馮登府撰

浙圖

叢 0100

學津討原二十集一千五十三卷

清張海鵬編

清嘉慶十年（1805）張氏照曠閣刻本

第一集

子夏易傳十一卷

周易集解十七卷　唐李鼎祚撰

蘇氏易傳九卷　宋蘇軾撰

京氏易傳九卷　漢京房撰　吳陸績注

關氏易傳一卷　北魏關朗撰　唐趙蕤注

周易略例一卷　魏王弼撰　唐邢璹注

周易舉正三卷　唐郭京撰

麻衣道者正易心法一卷

第二集

尚書鄭注十卷　漢鄭玄撰　宋鄞縣王應
麟輯　清孔廣林增訂

尚書中候鄭注五卷　漢鄭玄撰　清孔廣
林輯

東坡書傳二十卷　宋蘇軾撰

詩序辨説一卷　宋朱熹撰

詩考一卷　宋鄞縣王應麟撰

詩地理攷六卷　宋鄞縣王應麟撰

毛詩草木鳥獸蟲魚疏廣要二卷　明毛晉
撰

韓詩外傳十卷　漢韓嬰撰

第三集

太平經國之書十一卷首一卷　宋永嘉鄭
伯謙撰

儀禮逸經傳二卷　元吳澄撰

春秋微旨三卷　唐陸淳撰

春秋金鎖匙一卷　元趙汸撰

春秋胡傳考誤一卷　明嘉善袁仁撰

癸巳論語解十卷　宋張栻撰

司馬氏書儀十卷　宋司馬光撰

皇祐新樂圖記三卷　宋阮逸、胡瑗撰

第四集

爾雅鄭注三卷　宋鄭樵撰

爾雅翼三十二卷　宋羅願撰　元洪焱祖

類集解一卷　明蔣一彪輯

胎息經一卷　題□幻真先生注

真誥二十卷　梁陶弘景撰

象教皮編六卷　明陳士元輯

樂府古題要解二卷　唐吳兢撰

詩品三卷　梁鍾嶸撰

詩品二十四則一卷　唐司空圖撰

風騷旨格一卷　唐釋齊己撰

四六話二卷　宋王銍撰

四六談塵一卷　宋謝伋撰

九行二十一字　左右雙邊　細黑口

19.3×13.9 釐米

浙圖　溫圖

叢 0101

借月山房彙鈔十六集二百八十九卷

清張海鵬編

清嘉慶十一年至十六年（1806—1811）張

氏刻本

第一集

易例二卷　清惠棟撰

尚書地理今釋一卷　清蔣廷錫撰

詩說三卷　清惠周惕撰

詩說一卷　清陶正靖撰

周禮序官考一卷　清陳大庚撰

考定檀弓二卷　清程穆衡章句

深衣考一卷　清餘姚黃宗羲撰

左傳杜解補正三卷　清顧炎武撰

春秋說一卷　清陶正靖撰

春秋日食質疑一卷　清吳守一撰

孝經述註一卷　明臨海項霦撰

第二集

駢雅七卷　明朱謀㙔撰

惠氏讀說文記十五卷　清惠棟撰　清江

聲參補

席氏讀說文記十五卷　清席世昌撰

第三集

韻補正一卷　清顧炎武撰

音學辨微一卷　清江永撰

附

三十六字母辨一卷　清黃廷鑑撰

九經誤字一卷　清顧炎武撰

石經考一卷　清顧炎武撰

金石文字記六卷　清顧炎武撰

千字文萃一卷　清張海鵬輯

皇上七旬萬壽千字文　清吳省蘭撰

御製全韻詩恭跋千字文　清彭元瑞撰

毛西河傳贊　清王錫撰

別本千字文續千字文再續千字文　清

黃祖顯撰

別本續千字文　明陳鎏撰

第四集

炎徼紀聞四卷　明錢塘田汝成撰

庚申紀事一卷　明張瀧撰

徐海本末一卷　明歸安茅坤撰

東江始末一卷　明柏起宗撰

復社紀事一卷　清吳偉業撰

存是錄一卷　明姚宗典撰

三藩紀事本末四卷　清楊陸榮撰

第五集

平蜀記一卷　明□□撰

平吳錄一卷　明吳寬撰

平漢錄一卷　明童承敘撰

平夏錄一卷　明黃標撰

洪武聖政記一卷　明浦江宋濂撰

國初事蹟一卷　明金華劉辰撰

北征事蹟一卷　明袁彬撰　明尹直錄

革除遺事節本六卷　明黃佐撰

思陵典禮紀四卷　清孫承澤撰

思陵勤政紀一卷　清孫承澤撰

平定交南錄一卷　明丘濬撰

廣右戰功錄一卷　明唐順之撰

先撥志始二卷　明文秉撰

第六集

兩垣奏議一卷　明逯中立撰

條奏議稿一卷續刊一卷　清蔣伊撰

嘉靖以來內閣首輔傳八卷　明王世貞撰

備遺錄一卷　明張芹撰

詔獄慘言一卷　明燕客撰

附

天變邸抄一卷　明□□撰

煙艇永懷三卷　明龔立本撰

端巖公年譜一卷　明張文麟自撰

陳張事略一卷　明吳國倫撰

汪直傳一卷　明□□撰

漱華隨筆四卷　清嚴有禧撰

第十四集

名疑四卷　明陳士元撰

元史備忘錄一卷　明王光魯撰

汝南遺事二卷　明李本固撰

列朝盛事一卷　明王世貞撰

觚不觚錄一卷　明王世貞撰

玉堂薈記二卷　清楊士聰撰

第十五集

花當閣叢談八卷　明徐復祚撰

柳南隨筆六卷續筆四卷　清王應奎撰

第十六集

周忠介公燼餘集四卷　明周順昌撰

椒山遺囑一卷　明楊繼盛撰

盧忠肅公書牘一卷　明盧象昇撰

浩氣吟一卷附錄一卷　明瞿式耜撰

烏魯木齊雜詩一卷　清紀昀撰

宮詞小纂三卷　清張海鵬輯

　宮詞　明朱權撰

　元宮詞　明朱有燉撰

　擬古宮詞　明朱讓栩撰

　洪武宮詞　明黃省曾撰

　宮詞　明王叔承撰　（以上合一卷）

　天啓宮詞　明秦蘭徵撰

　天啓宮詞　明秀水蔣之翹撰

　擬故宮詞　清唐于昭撰　（以上合一卷）

　崇禎宮詞一卷　清王譽昌撰　清吳理注

　圍爐詩話六卷　清吳喬撰

　西崑發微三卷　清吳喬撰

　金石要例一卷　清餘姚黃宗羲撰

九行二十一字　小字雙行　左右雙邊　黑口

14.4×11 釐米

浙圖

叢 0102

麗廧手鈔四種四卷

清溫嶺張濬編

清道光(1821—1850)抄本　清黃巖王棻跋

　深衣考誤一卷　清江永撰

孝經述注一卷　清臨海項霖撰

固山貝子功績錄一卷

重恨歌壺舟道情一卷　清太平黃濬撰

黃巖圖

叢 0103

涉聞梓舊一百十九卷

清海寧蔣光煦編

清道光至咸豐(1821—1861)蔣氏宜年堂刻本

　易學濫觴一卷　元黃澤撰

　非詩辨妄一卷　宋周孚撰

　禮記集説辯疑一卷　明戴冠撰

　中庸傳一卷　宋晁説之撰

　孝經鄭氏注一卷　漢鄭玄撰　清海寧陳鱣輯

　六藝論一卷　漢鄭玄撰　清海寧陳鱣輯

　方舟經説六卷　宋李石撰

　班馬字類五卷　宋嘉興婁機撰　附補遺　宋嘉興李曾伯撰

　經籍跋文一卷　清海寧陳鱣撰

　中興備覽三卷　宋張浚撰

　三吳水利錄四卷續錄一卷　明歸有光撰　附錄一卷　明歸子寧撰

　金石錄補二十七卷續跋七卷　清葉奕苞撰

　鐵函齋書跋六卷　清山陰楊賓撰

　砥齋題跋一卷　清王弘撰撰

　湛園題跋一卷　清慈溪姜宸英撰

　義門題跋一卷　清何焯撰

　隱綠軒題識一卷　清海寧陳奕禧撰

　蘇齋題跋二卷　清翁方綱撰

　瘞鶴銘考一卷　清海鹽吳東發撰

　石門碑醳一卷補一卷　清王森文撰

　墨志一卷　明麻三衡撰

　雲麓漫鈔十五卷　宋趙彥衛撰

　寶晉英光集八卷補遺一卷　宋米芾撰

　榮祭酒遺文一卷　元榮肇撰

　斠補隅錄十七卷　清海寧蔣光煦輯

　尚書全解一卷　宋林之奇撰

　爾雅南昌本校勘記訂補一卷　清許光清撰

　續宋中興編年資治通鑑校一卷　清許光

治撰

東漢會要四卷　宋徐天麟撰　清嘉興錢

泰吉輯

吳越春秋校一卷　清海寧蔣光煦撰

錢塘遺事校一卷　清海寧蔣光煦撰

宣和奉使高麗圖經校一卷

管子校一卷　清許光清撰

荀子校一卷　清顧廣圻撰

意林逸文一卷　清海寧周廣業、嘉興李遇

孫輯

酉陽雜俎校一卷　清海寧蔣光煦撰

唐摭言校一卷　清海寧蔣光煦撰

蘆浦筆記校一卷　清□□撰

後山集校一卷　清□□撰

十一行二十一字　左右雙邊　黑口

浙圖

叢 0104

滂喜齋叢書

清潘祖蔭編

清同治至光緒（1862—1908）潘氏京師刻

本　清瑞安孫詒讓校並跋

存二卷

求古錄禮說補遺一卷　清臨海金鶚撰

太誓答問一卷　清仁和龔自珍撰

十行二十一字　左右雙邊　黑口

17.5×13.3 釐米

浙大

叢 0105

守山閣叢書六百七十六卷

清錢熙祚編

清道光二十四年（1844）錢氏據墨海金壺

版重編增刻本

經部

易說四卷　宋趙善譽撰

易象鉤解四卷　明陳士元撰

易圖明辨十卷　清德清胡渭撰

禹貢說斷四卷　宋義烏傅寅撰

三家詩拾遺十卷　清會稽范家相撰

周禮疑義舉要七卷　清江永撰

儀禮釋宮一卷　宋李如圭撰

儀禮釋例一卷　清江永撰

禮記訓義擇言八卷　清江永撰

春秋正旨一卷　明高拱撰

春秋左傳補註六卷　清惠棟撰

古微書三十六卷　明孫瑴輯　清錢熙祚

注

尚書緯

尚書考靈曜二卷

尚書帝命驗一卷

尚書五行傳

尚書璇璣鈐

尚書刑德放

尚書運期授

尚書帝驗期　（以上合一卷）

尚書中候

中候握河紀

中候考河命

中候摘洛戒

中候雜篇

中候運行

中候洛予命

中候擿洛戒

中候義明

中候敕省圖

中候稷起

中候準讖哲

附

洪範緯　（以上合一卷）

春秋緯

春秋元命包二卷

春秋演孔圖

春秋合誠圖　（以上合一卷）

春秋文耀鉤

春秋運斗樞　（以上合一卷）

春秋感精符

春秋考異郵　（以上合一卷）

春秋潛潭巴

春秋說題辭　（以上合一卷）

春秋漢含孳

春秋佐助期

春秋保乾圖

春秋握誠圖

春秋內事　（以上合一卷）

春秋命歷序一卷

易緯

　易通卦驗

　易坤靈圖

　易稽覽圖　（以上合二卷）

　易河圖數

　易筮類謀

　易九厄讖

　易雜緯　（以上合一卷）

　易辨終備

　易萌氣樞

　易中孚傳

　易運期

　易通統圖

　易通驗元圖

禮緯

　禮含文嘉一卷

　禮稽命徵一卷

　禮斗威儀一卷

樂緯

　樂叶圖徵一卷

　樂動聲儀一卷

　樂稽耀嘉一卷

詩緯

　詩含神霧一卷

　詩推度災

　詩汎歷樞　（以上合一卷）

論語緯

　論語比考讖

　論語譔考讖　（以上合一卷）

　論語摘輔象

　論語摘衰聖

　論語陰嬉讖　（以上合一卷）

孝經緯

　孝經援神契三卷

　孝經鉤命決

　孝經中契

　孝經右契

　孝經左契

　孝經威嬉拒　（以上合一卷）

　孝經內事圖一卷

河圖緯

　河圖括地象

河圖始開圖

河圖絳象　（以上合一卷）

河圖稽耀鉤

河圖帝覽嬉

河圖挺佐輔

河圖握矩記

河圖雜緯篇

　河圖祕徵

　河圖帝通紀

　河圖著命

　河圖真紀鉤

　河圖要元篇

　河圖考靈曜

　河圖提劉篇

　河圖稽命徵

　河圖會昌符　（以上合一卷）

河圖玉版

龍魚河圖　（以上合一卷）

洛書緯

　洛書靈准聽一卷

　洛書甄曜度

　洛書摘六辟

　洛書錄運法

　河洛讖

　　孔子河洛讖

　　錄運期讖

　　甄曜度讖　（以上合一卷）

尊孟辨三卷續辨二卷別錄一卷　宋余允文撰

四書箋義纂要十二卷補遺一卷續遺一卷宋趙憙撰

　大學章句箋義一卷或問箋義一卷註疏纂要一卷

　中庸章句箋義一卷或問箋義一卷註疏纂要一卷

　論語集註箋義三卷

　孟子集註箋義三卷

律呂新論二卷　清江永撰

經傳釋詞十卷　清王引之撰

孫氏唐韻考五卷　清紀容舒撰

古韻標準四卷詩韻舉例一卷　清江永撰　清戴震參定

史部

三國志辨誤三卷

宋季三朝政要六卷附錄一卷

蜀鑑十卷　宋郭允蹈撰

春秋別典十五卷　明薛虞畿撰

咸淳遺事二卷　宋□□撰

大金弔伐錄四卷

平宋錄三卷　元劉敏中撰

元朝征緬錄一卷

招捕總錄一卷

京口耆舊傳九卷

昭忠錄一卷

九國志十二卷　宋路振撰　宋張唐英補
　拾遺一卷　清錢熙祚輯

越史略三卷

吳郡志五十卷　宋范成大撰　校勘記一卷
　清錢熙祚撰

嶺海輿圖一卷　明姚虞撰

吳中水利書一卷　宋單鍔撰

四明它山水利備覽二卷　宋魏峴撰

河防通議二卷　元沙克什撰

廬山記三卷　宋陳舜俞撰

廬山記略一卷　劉宋釋慧遠撰

北道刊誤誌一卷　宋王瓘撰

河朔訪古記三卷　元納新撰

大唐西域記十二卷　唐釋玄奘譯　唐釋辯
　機撰

職方外紀五卷首一卷　意大利艾儒略撰

七國攷十四卷　明董説撰

歷代建元考二卷總論一卷類考一卷前編一
　卷外編四卷　清鍾淵映撰

荒政叢書十卷附錄二卷　清錢塘俞森編
　救荒全書一卷　宋董煟撰
　荒政叢言一卷　明林希元撰
　荒政考一卷　明鄞縣屠隆撰
　荒政議一卷　明周孔教撰
　賑豫紀略一卷　明鍾化民撰
　荒箸略一卷　明劉世教撰
　救荒策一卷　清魏禧撰
　常平倉考一卷　清錢塘俞森撰
　義倉考一卷　清錢塘俞森撰
　社倉考一卷　清錢塘俞森撰

歷代兵制八卷　宋瑞安陳傅良撰

籀史二卷(原缺卷下)　宋翟耆年撰

子部

　少儀外傳二卷　宋金華呂祖謙撰

　辨惑編四卷附錄一卷　元謝應芳撰

　神機制敵太白陰經十卷　唐李筌撰

　守城錄四卷　宋陳規、湯璹撰

　練兵實紀九卷雜集六卷　明戚繼光撰

　折獄龜鑑八卷　宋鄭克撰

　脈經十卷　晉王叔和撰

　難經集註五卷　明王九思撰

　新儀象法要三卷　宋蘇頌撰

　簡平儀説一卷　意大利熊三拔撰　明徐光
　　啓劄記

　渾蓋通憲圖説二卷首一卷　明仁和李之藻
　　撰

　圜容較義一卷　意大利利瑪竇授　明仁和
　　李之藻譯

　曉庵新法六卷　清王錫闡撰

　五星行度解一卷　清王錫闡撰

　數學八卷續數學一卷　清江永撰
　　數學補論一卷
　　歲實消長辯一卷
　　恒氣註曆辯一卷
　　冬至權度一卷
　　七政衍一卷
　　金水發微一卷
　　中西合法擬草一卷
　　算賸一卷
　　正弧三角疏義一卷

　推步法解五卷　清江永撰

　李虛中命書三卷　唐李虛中注

　珞琭子三命消息賦註二卷　宋徐子平撰

　珞琭子賦註二卷　宋釋曇瑩撰

　天步真原人命部三卷　波蘭穆尼閣撰　清
　　薛鳳祚譯

　太清神鑑六卷

　羯鼓錄一卷　唐南卓撰

　樂府雜錄一卷　唐段安節撰

　棊經一卷　宋張儗撰

　遠西奇器圖説錄最三卷　德國鄧玉函口授
　　明王徵譯繪

　新製諸器圖説一卷　明王徵撰

　鬻子一卷　唐逢行珪注　校勘記逸文一卷
　　清錢熙祚撰並輯

尹文子一卷校勘記逸文一卷　清錢熙祚撰
　　並輯

慎子一卷逸文一卷　清錢熙祚校並輯

公孫龍子一卷　宋謝希深注

人物志三卷　魏劉邵撰　西涼劉昞注

近事會元五卷　宋李上交撰　校勘記一卷
　　清錢熙祚撰

靖康緗素雜記十卷　宋黃朝英撰

能改齋漫錄十八卷　宋吳曾撰

緯略十二卷　宋鄞縣高似孫撰

坦齋通編一卷　宋邢凱撰

潁川語小二卷　宋陳昉撰

愛日齋叢鈔五卷　宋葉□撰

日損齋筆記一卷附錄一卷　元義烏黃溍撰

樵香小記二卷　清何琇撰

日聞錄一卷　元李翀撰

玉堂嘉話八卷　元王惲撰

古今姓氏書辯證四十卷　宋鄧名世撰　校
　　勘記三卷　清錢熙祚撰

明皇雜錄二卷補遺一卷　唐鄭處誨撰　校
　　勘記逸文一卷　清錢熙祚撰並輯

大唐傳載一卷

賈氏譚錄一卷　宋張洎撰

東齋記事五卷補遺一卷　宋范鎮撰

續世說十二卷　宋孔平仲撰

玉壺野史十卷　宋釋文瑩撰

唐語林八卷　宋王讜撰　校勘記一卷　清
　　錢熙祚撰

萍洲可談三卷　宋朱彧撰　校勘記一卷
　　清錢熙祚撰

高齋漫錄一卷　宋曾慥撰

張氏可書一卷　宋張知甫撰

步里客談二卷　宋陳長方撰

東南紀聞三卷

菽園雜記十五卷　明陸容撰

漢武帝內傳一卷附錄一卷　漢班固撰　校
　　勘記一卷　清錢熙祚撰

大方廣佛華嚴經音義四卷　唐釋慧苑撰

文子二卷　校勘記一卷　清錢熙祚撰

文始真經言外經旨三卷　宋陳顯微撰

周易參同契考異一卷　宋朱熹撰　宋黃瑞
　　節附錄

集部

古文苑二十一卷　宋章樵注　校勘記一卷
　　清錢熙祚撰

觀林詩話一卷　宋吳聿撰

餘師錄四卷　宋王正德撰

詞源二卷　宋臨安張炎撰

十一行二十三字　左右雙邊　細黑口

19.9×14.5釐米

浙圖　溫圖

清同治（1862—1874）抄本

世傳一卷

誥勅一卷

王氏世錄一卷

祠儀一卷　清瑞安孫詒讓校

族約一卷　清瑞安孫詒讓校

玉洞詩鈔一卷　明永嘉王光蘊撰

家言詩一卷　明王由等撰

槐陰集一卷　明鄞縣王毓撰

序記一卷

王氏家錄一卷

南遊雜詠一卷　明永嘉王至京撰

昭冤奏疏一卷　明永嘉王欽穆撰

黃石文鈔一卷　明永嘉王叔果撰

半山藏稿一卷　明永嘉王叔果撰

雁山日記一卷　明王光美撰

湖上草一卷　明永嘉王光美撰

松鶴齋草一卷　明永嘉王光美撰

友聲草一卷　明永嘉王光美撰

遊燕草一卷　明永嘉王光美撰

舫齋草一卷　明永嘉王光美撰

白鹿社草一卷　明永嘉王光美撰

赤城草一卷　明永嘉王光美撰

黃石集一卷　明永嘉王光經撰

玄對草二卷　明永嘉王至彪撰

翼正篇敬德錄序略一卷　明永嘉王欽豫撰

溫圖

叢0109

集珍樓偶鈔十二卷

清抄本

孑遺錄一卷　清戴名世撰

書湖州莊氏史獄一卷　清翁廣平撰

四王傳四卷　清錢名世撰

徐霞客遊記摘錄浙閩兩省一卷

曹文正公行述一卷　清曹振鏞撰

楊忠武公行狀一卷

朱子訓學齋規一卷

湯文正公家書一卷

恤嫠義舉敘一卷

紹圖

地方叢書

叢0110

鹽邑志林六十六卷附六卷

明樊維城編

明天啓三年（1623）樊維城刻本

陸公紀易解一卷　吳陸績撰

陸公紀京氏易傳注三卷　吳陸績撰

陸元恪草木蟲魚疏二卷　吳海鹽陸璣撰

丁常侍易解二卷　晉海鹽丁賣撰

干令升搜神記二卷　晉海鹽干寶撰

顧希馮玉篇直音二卷　梁顧野王撰

陸廣微吳地記一卷　唐陸廣微撰

譚子化書一卷　五代譚峭撰

許梅屋樵談一卷　宋海鹽許棐撰

魯應龍閑牕括異志一卷　宋海鹽魯應龍撰

常竹牕修海鹽澉水志二卷　宋海鹽常棠撰

姚樂年樂郊私語一卷　元姚桐壽撰

王方麓橋李記一卷　明王樵撰

前令鄭壺陽靖海紀略一卷　明鄭茂撰

張方洲奉使錄二卷　明張寧撰

徐襄陽西園雜記二卷　明海鹽徐咸撰

徐豐崖詩談一卷　明徐泰撰

錢公良測語二卷　明海鹽錢琦撰

許雲邨貽謀一卷　明海寧許相卿撰

董漢陽碧里雜存二卷　明海鹽董穀撰

鄭端簡公吾學編餘一卷　明海鹽鄭曉撰

鄭端簡公今言類編六卷　明海鹽鄭曉撰

鄭端簡公古言類編二卷　明海鹽鄭曉撰

錢太常海石子內篇一卷外篇一卷　明海鹽
錢薇撰

王沂陽龍興慈記一卷　明海鹽王文祿撰

仇舜徵通史它石三卷　明海鹽仇俊卿撰

仇謙謙玄機通一卷　明海鹽仇俊卿撰

胡仰崖遺語一卷　明海寧胡憲仲撰

潁水遺編一卷　明海鹽陳言撰

鍾秉文烏槎幕府記一卷　明鍾兆斗撰

朱武原禮記通注一卷　明海鹽朱元弼撰

朱良叔猶及編一卷　明海鹽朱元弼撰

鄭敬中摘語一卷　明海鹽鄭心材撰

采常吉倭變事略四卷　明采九德撰

崔鳴吾紀事一卷　明崔嘉祥撰

劉少彝荒著略一卷　明海鹽劉世教撰

呂錫侯筆記一卷　明海鹽呂兆禧撰

彭孟公江上雜疏一卷　明海寧彭宗孟撰

吳少君遺事一卷　明海鹽姚士麟撰

姚叔祥見只編三卷　明海鹽姚士麟撰
附

　聖門志六卷　明海鹽呂元善輯

十行十九字　左右雙邊　白口

21×14 釐米

寧圖＊　天一閣

叢 0111

二老閣叢書一百九十八卷

清康熙至嘉慶(1662—1820)鄭氏二老閣
等刻清後期彙印本

寒村詩文選三十七卷　清慈溪鄭梁撰　清
慈溪鄭性編

　見黃稿詩刪五卷

　五丁詩稿五卷

　安庸集一卷

　玉堂集一卷

　歸省偶錄一卷

　還朝詩存一卷

　玉堂後集一卷

　寶善堂集二卷

　白雲軒集二卷

　南行雜錄一卷

　高州詩集二卷

　見黃稿二卷

　五丁集二卷

　安庸集二卷

　雜錄二卷補一卷

　半生亭集一卷

　息尚編四卷

　寒村舉業偶存一卷

黃梨洲先生南雷文約四卷　清餘姚黃宗羲
撰

天益山堂遺集十卷續刻一卷　清慈溪馮元
仲撰　墓誌銘一卷　清慈溪姜宸英撰
清慈溪鄭性、徐嵩高編

潘子求仁錄輯要十卷　清慈溪潘平格撰

四明四友詩六卷　清慈溪鄭鳳選輯

　東門閑閑閣草一卷　清鄞縣李暾撰

東門寄軒草一卷　清鄞縣李暾撰

南谿僅真集一卷　清慈溪鄭性撰

北溟見山集一卷　清謝緒章撰

西郭冰雪集一卷　清鄞縣萬承勛撰

　西郭苦吟一卷　清鄞縣萬承勛撰

勉齋先生遺稿三卷　明慈溪鄭滿撰　清慈
溪鄭梁輯

南雷詩曆五卷　清餘姚黃宗羲撰

黃梨洲先生思舊錄一卷　清餘姚黃宗羲撰

黃梨洲先生明夷待訪錄一卷　清餘姚黃宗
羲撰

楊慈湖先生石魚偶記一卷　宋慈溪楊簡撰

野雲居贈言一卷詩稿二卷文稿一卷　清慈
溪鄭竺撰
附

　顧氏春草啼鶯集小傳一卷

　鄭文學晚橋墓表一卷　清鄞縣蔣學鏞撰

守高贈言一卷　清楊中訥等撰

雪竇倡和詩一卷　清慈溪鄭風等撰

初夏倡和一卷　清慈溪鄭風撰

江亭倡和一卷　清鄞縣李暾等撰

南溪不文一卷　清慈溪鄭性撰

南谿寱歌二卷　清慈溪鄭性撰

南谿夢寱一卷　清慈溪鄭性撰

鄭平子先生壽序一卷　清餘姚黃宗羲等撰

寒村七十祝辭一卷　清鄞縣范廷諤等撰

秦川八十祝辭一卷　清王熙等撰

寒村舉業補遺一卷　清慈溪鄭梁撰

行字不一　四周單邊　黑口

尺寸不一

浙圖

叢 0112

樗庵日鈔十四卷

清永嘉周天錫編
稿本

心識源流圖說一卷　明永嘉馬一騰撰

玉華子一卷　明永嘉何堅撰

東越筆記一卷　明永嘉張鳴鸞撰

王氏園史一卷　清瑞安王祚昌撰

證道歌一卷　唐永嘉釋玄覺撰

圓明歌一卷　唐瑞安釋玄機撰

參禪警語一卷　明樂清釋時蔚撰

唐無著禪師傳一卷　唐釋清涼撰

周秦兩漢官制圖一卷　宋永嘉鄭伯謙撰

阿彌陀經十詠一卷　明永嘉馬一騰撰

六通通譯一卷　元永嘉戴侗撰

永嘉合溪戴氏祭規一卷

菰田戴氏宗譜凡例一卷

張氏族約二十七條一卷　明永嘉張純撰

溫圖

家集叢書

叢 0113

德州田氏叢書一百十二卷

清田雯等撰

清康熙至乾隆(1662—1795)刻本

存一百十一卷

蒙齋年譜一卷續一卷　清田雯撰　補一卷
　清田肇麗撰

蒙齋生志一卷　清田雯撰

古歡堂集三十六卷　清田雯撰

雜著八卷

序四卷

題辭一卷

記二卷

名表二卷

傳一卷

跋一卷

雜文三卷

山薑詩選十四卷

長河志籍考十卷　清田雯撰

黔書二卷　清田雯撰

水東草堂詩一卷　清田需撰

鬲津草堂詩六卷　清田霡撰

有懷堂文集一卷詩集一卷　清田肇麗撰

西圃叢辨三十二卷　清田同之撰

西圃文說三卷詩說一卷詞說一卷　清田同
　之撰

硯思集六卷　清田同之撰

二學亭文溧四卷　清田同之撰

晚香詞三卷　清田同之撰

行字不一　左右雙邊　黑口

尺寸不一

浙圖*　浙大*

叢 0114

劉氏傳家集二百九卷

清劉青芝編

清乾隆(1736—1795)刻本

存一百十八卷

天傭館遺稿二卷　清劉宗洙撰

抱膝廬文集六卷　清劉宗泗撰

襄城文獻錄十二卷　清劉宗泗輯

慎獨軒文集八卷　清劉青霞撰

七一軒槀六卷圖一卷　清劉青蓮撰

藕船題跋二卷　清劉青蓮撰

古今孝友傳十五卷　清劉青蓮撰

江村山人未定槀續槀四卷閏餘槀六卷　清
　劉青芝撰

學詩闕疑二卷　清劉青芝撰

尚書辨疑一卷　清劉青芝撰

周禮質疑五卷　清劉青芝撰

古汜城志十卷　清劉青芝撰

古今孝友傳補遺三卷　清劉青芝撰

續錦機十五卷補遺六卷　清劉青芝撰

江村隨筆十卷　清劉青芝撰

雪夜錄四卷　清劉伯梁撰

九行十九字　左右雙邊　黑口

18.1×14 釐米

浙圖

自著叢書

叢 0115

邵子全書二十四卷

宋邵雍撰　明嘉興徐必達編

明萬曆三十四年(1606)徐必達刻本

皇極經世書七卷

皇極經世十卷

擊壤集六卷

附錄一卷　明嘉興徐必達輯

十行二十字　四周雙邊　白口

20.4×14.6 釐米

浙圖　杭圖

叢 0116

朱子遺書八十八卷

宋朱熹撰

清康熙(1662—1722)呂氏寶誥堂刻本

近思錄十四卷　宋朱熹、金華呂祖謙輯

延平李先生師弟子答問一卷　宋朱熹輯

後錄一卷　宋趙師夏輯

雜學辨一卷附錄一卷

中庸輯略二卷

論語或問二十卷

孟子或問十四卷

伊洛淵源錄十四卷

上蔡先生語錄三卷　宋謝良佐撰　宋朱熹輯

國朝諸老先生論語精義十卷

易學啟蒙四卷

詩序辨一卷

朱子陰符經考異一卷　宋黃瑞節撰

孝經刊誤一卷

十二行二十二字　左右雙邊　黑口

17.2×13.8 釐米

寧圖 *　溫圖

叢 0117

陸放翁全集一百五十八卷

宋山陰陸游撰

明末毛氏汲古閣刻清初毛扆增刻本

渭南文集五十卷

劍南詩藁八十五卷

放翁逸藁二卷

南唐書十八卷

附

南唐書音釋一卷　元戚光撰

家世舊聞一卷

齋居紀事一卷

八行十八字　左右雙邊　白口

18.6×14.3 釐米

浙圖　溫圖 *　紹圖 *　上虞圖 *　天一閣　浙大

叢 0118

真西山全集一百八十三卷

宋真德秀撰

清康熙至乾隆(1662—1795)刻本

存一百十四卷

西山先生真文忠公讀書記四十卷　缺九卷 三十二至四十

文章正宗復刻三十二卷續十二卷　缺十九 卷　十一至十二、十六至三十、續一至二

西山先生真文忠公文集五十五卷　缺四卷 九至十二

真文忠公心經一卷

真文忠公政經一卷

大學衍義四十三卷　存四卷　四十至四十三

西山真文忠公年譜一卷　清□□撰

十行二十至二十一字　四周雙邊　白口

20.2×14.9 釐米

溫圖

叢 0119

率祖堂叢書八十三卷

宋蘭谿金履祥撰

清雍正至乾隆(1723—1795)金律刻本

存六十二卷

尚書表注二卷

宋金仁山先生大學義疏一卷

論語集注考證十卷

孟子集注考證七卷

資治通鑑前編十八卷舉要三卷首一卷

濂洛風雅六卷　宋蘭谿金履祥輯

附

金華正學編六種十四卷

金華呂東萊先生正學編一卷　宋金華 呂祖謙撰

金華何北山先生正學編一卷　宋金華 何基撰

仁山先生金文安公集五卷　宋蘭谿金 履祥撰

金華王魯齋先生傳集二卷　宋金華王 柏撰

白雲先生許文懿公傳四卷　元東陽許 謙撰

金華章楓山先生正學編一卷　明蘭谿 章懋撰

八行十八字　左右雙邊　白口

19.5×12.9 釐米

義烏圖

叢 0120

許文正公遺書十五卷

　　元許衡撰

　　清乾隆五十五年(1790)刻本

存十二卷

　　　首一卷

　　　語錄二卷

　　　小學大義

　　　大學要略

　　　論大小學　（以上合一卷）

　　　大學直解一卷

　　　中庸直解一卷

　　　書狀一卷

　　　稽古千文

　　　編年歌括　（以上合一卷）

　　　詩一卷

　　　授時曆經一卷

　　　末二卷

九行二十二字　四周單邊　白口

21.5×13.7 釐米

溫圖

叢 0121

王氏家藏集六十五卷

　　明王廷相撰

　　明嘉靖(1522—1566)刻本

　　　王氏家藏集四十一卷

　　　慎言十三卷

　　　雅述二卷

　　　內臺集七卷

　　　喪禮備纂二卷

十行十八字　四周單邊　白口

17.7×14.1 釐米

浙圖　溫圖　天一閣*

叢 0122

王浚川所著書八十三卷

　　明王廷相撰

明嘉靖至隆慶(1522—1572)刻本

存四十二卷

　　　內臺集七卷

　　　浚川內臺集三卷

　　　慎言十三卷

　　　雅述二卷

　　　喪禮備纂二卷

　　　浚川奏議集十卷

　　　浚川公移集三卷

　　　浚川駁稿集二卷

十行十八字或二十字　四周單邊或左右雙邊

白口

17.5×14 釐米

浙圖*　天一閣*

叢 0123

歸雲別集七十四卷外集六十七卷

　　明陳士元撰

　　明萬曆(1573—1620)刻本

存外集三十二卷

　　　象教皮編六卷

　　　廣禹貢楚絕書二卷

　　　荒史六卷

　　　世曆四卷

　　　江漢叢談二卷

　　　俚言解二卷

　　　諸史夷語音義四卷

　　　岳紀六卷

九行二十字　四周單邊　白口

19×12.5 釐米

杭圖*　浙大

叢 0124

呂新吾全集五十七卷

　　明呂坤撰

　　明萬曆(1573—1620)刻清同治至光緒

　　(1862—1908)增修本

　　　四禮疑五卷喪禮餘言一卷

　　　四禮翼八卷

　　　呂新吾先生閨範圖說四卷　明呂坤注

　　　呻吟語六卷

小兒語三卷演小兒語一卷續三卷女小兒語
　一卷
交泰韻一卷
宗約歌一卷
好人歌一卷
黃帝陰符經一卷
反輓歌一卷
新吾呂君墓誌銘一卷
救命書一卷
河工書一卷
省心記一卷
天日一卷
修城一卷
展城或問一卷
疹科一卷
呂新吾先生去偽齋文集十卷
呂新吾先生實政錄七卷
八行二十字　四周雙邊　白口
18.3 × 12.9 釐米

溫圖

叢 0125

李氏全書十卷
明李贄撰　明湯顯祖批點
明崇禎(1628—1644)信筆齋刻本
集部焚書
　書答一卷
　襍述一卷
　讀史一卷
　詩歌一卷
經部說書
　論語統論二卷
　大學統論一卷
　中庸統論一卷
　孟子統論二卷
九行二十字　四周單邊　白口
21.3 × 14.5 釐米

浙圖

叢 0126

大雅堂訂正枕中十書十卷
明李贄撰

明萬曆(1573—1620)刻本
精騎錄一卷
篔窗筆記一卷
賢奕選一卷
文字禪一卷
異史一卷
博識一卷
尊重口一卷
養生醍醐一卷
理譚一卷
騷壇千金訣一卷
八行十八字　四周單邊　白口
20.6 × 13.7 釐米

浙圖

叢 0127

王百穀集四十二卷
明王穉登撰
明萬曆四十七年(1619)葉應祖刻本
存十八卷
青雀集二卷
客越志二卷
采真篇二卷
法因集四卷
竹箭編二卷
梅花什一卷　明陸承憲撰　明王穉登和
明月篇二卷
雨航紀一卷
越吟二卷
十行二十字　四周單邊　白口
21.4 × 14.8 釐米

浙大

叢 0128

一齋集三十五卷
明陳第撰
明萬曆二十三年至四十五年(1595—
　1617)會山樓刻本
存二十九卷
伏羲圖贊二卷附雜卦傳古音考一卷
尚書疏衍四卷

毛詩古音考四卷附讀詩拙言一卷

屈宋古音義三卷

松軒講義一卷

五嶽遊草七卷

寄心集六卷

十行二十一字　左右雙邊　白口

20×14.8 釐米

浙圖

叢 0129

馮元敏天池集十一卷

明馮時可撰

明萬曆十七年(1589)刻本

詩臆二卷

左氏論二卷

栨木遊記一卷

馮元敏蕟茹稿六卷

九行十八字　四周單邊　白口

22.8×14.8 釐米

浙圖

叢 0130

少室山房全稿一百八十九卷

明蘭溪胡應麟撰　明江湛然編

明萬曆四十六年(1618)江湛然刻本

存六十八卷

詩藪內編六卷外編六卷續編二卷雜編六卷

筆叢

經籍會通四卷

史書佔俾六卷

九流緒論三卷

四部正譌三卷

三墳補逸二卷

二酉綴遺三卷

華陽博議二卷

莊嶽委談二卷

玉壺遐覽四卷

雙樹幻鈔三卷

續筆叢十六卷

丹鉛新錄八卷

藝林學山八卷

九行十八字　四周單邊　白口

20.2×13.4 釐米

浙圖＊　天一閣

叢 0131

顧端文公遺書四十一卷

明顧憲成撰

清康熙三十七年(1698)顧氏刻本

存二十七卷

小心齋劄記十八卷

東林商語二卷

虞山商語三卷

附

顧端文公年譜四卷　明顧與沐撰　清顧

樞輯　清顧貞觀補

十行二十字　左右雙邊　黑口

17.4×14.2 釐米

浙圖

叢 0132

眉公十種藏書六十三卷

明陳繼儒撰

明崇禎(1628—1644)醉綠居刻本

存三十八卷

白石樵真稿二十四卷尺牘四卷

晚香堂集十卷

九行二十一字　左右雙邊　白口

20.7×13.5 釐米

浙大

叢 0133

高子全書五十一卷

明高攀龍撰

清乾隆七年(1742)華希閔劍光閣刻本

存十五卷

東林書院會語一卷

高子文集六卷詩集八卷

九行十九字　四周單邊　白口

21.4×14.3 釐米

天一閣

叢0134

李君實先生雜著二十五卷

明嘉興李日華撰

明天啓至崇禎（1621—1644）刻清初重修本

六研齋筆記四卷二筆四卷三筆四卷

紫桃軒雜綴三卷又綴三卷

竹嬾畫滕一卷續畫滕一卷

禮白嶽記一卷

墨君題語一卷

薊旋錄一卷

璽召錄一卷

篷櫳夜話一卷

八行十九字　四周單邊　白口

20.6×13.4 釐米

浙圖　杭圖

叢0135

袁中郎集五十七卷

明袁宏道撰

明萬曆三十六年至三十八年（1608—1610）袁氏書種堂刻本

存三十三卷

瀟碧堂集二十卷

廣莊一卷

解脫集四卷

觴政一卷

錦帆集四卷

去吳七牘一卷

敝篋集二卷

九行十八字　四周單邊　白口

21×14.3 釐米

浙圖＊　杭博＊　天一閣＊　浙大＊

叢0136

袁中郎先生十集十六卷

明袁宏道撰　明秀水周應麐編

明萬曆（1573—1620）周應麐刻本

廣莊一卷

敝篋集二卷

破研齋集三卷

廣陵集一卷

桃源詠一卷

華嵩遊草二卷

瓶史一卷

觴政一卷

狂言二卷

狂言別集二卷

九行二十字　左右雙邊　白口

22×14.5 釐米

浙圖＊　浙大

叢0137

袁使君集五十七卷

明袁宏道撰

明萬曆三十三年（1605）刻本

存三十六卷

錦帆集四卷

廣陵集一卷

桃源談詠一卷

廣莊一卷

瓶花齋集十卷

解脫集四卷

華嵩游草二卷

觴政一卷

破研齋集三卷

瓶史一卷

敝篋集二卷

袁石公遺稿六卷

九行十八字　左右雙邊　白口

19.7×14 釐米

天一閣

叢0138

袁中郎集五十七卷

明袁宏道撰

明刻本

存四十二卷

瀟碧堂集二十卷

廣莊一卷

敝篋集二卷

瓶花齋集十卷

錦帆集四卷

解脱集四卷

瓶史一卷

九行十八字　四周單邊　白口

20.5×14.3 釐米

浙圖　浙大 *

叢 0139

尚白齋鎸陳眉公寶顔堂秘笈四十九卷

明陳繼儒撰

明萬曆(1573—1620)秀水沈氏尚白齋刻本

眉公見聞錄八卷

陳眉公珍珠船四卷

妮古錄四卷

眉公群碎錄一卷

偃曝談餘二卷

巖棲幽事一卷

枕譚一卷

陳眉公太平清話四卷

書蕉二卷

眉公筆記二卷

眉公書畫史一卷

書畫金湯一卷

安得長者言一卷

香案牘一卷

狂夫之言五卷

寶顔堂增訂讀書鏡十卷

寶顔堂清明曲一卷

八行十八字　四周單邊　白口

20×12.5 釐米

浙圖　杭圖 *　上虞圖

叢 0140

王季重先生集九種九卷

明山陰王思任撰

明天啓(1621—1627)清暉閣刻本

存七種七卷

避園擬存詩集一卷

雜序一卷

律陶一卷

時文敘一卷

廬遊雜詠一卷

歷遊紀一卷

遊廬山記一卷

八行十八字或六行十六字　四周單邊　白口

20.4×14 釐米

紹圖 *　天一閣 *　浙博 *

叢 0141

幾亭初集二十二卷再集二十二卷

明嘉善陳龍正撰

明崇禎(1628—1644)刻本

初集

學言三卷

幾亭外書九卷

隨時問學六卷

文錄四卷

再集

學言三卷

幾亭外書三卷

隨時問學八卷

文錄八卷

九行十八字　四周單邊　白口

21.8×14.4 釐米

浙圖

叢 0142

幾亭全書六十四卷

明嘉善陳龍正撰

清康熙四年(1665)雲書閣刻本

學言三卷

學言詳記十七卷

政書二十卷

文錄二十卷

因述二卷

附陳祠部公家傳二卷　清陳揆撰

十行二十一字　四周單邊　白口

20.8×14.3 釐米

浙圖

叢 0143

夏爲堂别集十卷

明黃周星撰

清康熙二十七年（1688）朱日荃、張燕孫
刻本

存八卷

    人天樂傳奇二卷

    試官述懷一卷

    惜花報一卷

    散曲一卷

    製曲枝語一卷

    複姓紀事一卷

    百家姓新箋一卷

九行二十一字   左右雙邊   白口

19.3×12.9釐米

浙圖

叢0144

逸亭山人集十卷

  明仁和徐繼恩撰

  清初刻本

存五卷

    十笏齋集一卷

    董園存稿一卷

    客問一卷

    佷亭和尚涉江草一卷

    徐氏家誡一卷

九行二十字   四周單邊   白口

20.3×14.5釐米

杭圖

叢0145

楊園張先生全集四十三卷

  清桐鄉張履祥撰

  清康熙（1662—1722）刻本   清屈爔跋

    楊園先生文集十八卷 清姚璉輯

    楊園先生言行見聞錄四卷

    近古錄四卷 清桐鄉張履祥輯

    楊園先生備忘四卷

    初學備忘二卷

    補農書二卷 明沈□撰 清桐鄉張履祥輯

    楊園先生訓門人語三卷

    訓子語二卷

    楊園先生經正錄一卷學規一卷 清桐鄉張
      履祥輯

    喪葬雜錄一卷 清桐鄉張履祥輯

    附

      葬親社約一卷 清唐灝儒撰

十行二十四字   左右雙邊   黑口

20.3×14.7釐米

浙大

叢0146

亭林遺書十種二十七卷

  清顧炎武撰

  清康熙（1662—1722）潘氏遂初堂刻本

    左傳杜解補正三卷

    九經誤字一卷

    石經考一卷

    金石文字記六卷

    韻補正一卷

    昌平山水記二卷

    譎觚十事一卷

    顧氏譜系考一卷

    亭林文集六卷

    亭林詩集五卷

十一行二十字   左右雙邊   白口

19×14釐米

浙圖 平湖圖 天一閣 玉海樓

叢0147

湯潛菴集十二卷

  清湯斌撰 清閻興邦評

  清乾隆十七年（1752）貽安堂刻本

    遺稿五卷

    家書一卷

    志學會約一卷

    疏稿一卷

    洛學編四卷

  書名編者擬

九行二十字或十行二十字   四周單邊或左右雙
   邊   白口

尺寸不一

紹圖

叢0148

張簣山三種十一卷

  清張貞生撰

清康熙（1662—1722）講學山房刻本
　　王山遺響六卷
　　唾居隨錄四卷
　　崇祀錄一卷

溫圖

叢 0149

王漁洋遺書二百七十三卷
　清王士禛撰並輯
　清康熙（1662—1722）刻本
　　漁洋山人詩集二十二卷續集十六卷
　　蠶尾集十卷續集二卷後集二卷
　　南海集二卷
　　雍益集一卷
　　漁洋山人文略十四卷
　　漁洋山人精華錄十卷　清林佶輯
　　蜀道驛程記二卷
　　皇華紀聞四卷
　　粵行三志
　　　南來志一卷
　　　北歸志一卷
　　　廣州游覽小志一卷
　　池北偶談二十六卷
　　謚法攷一卷
　　秦蜀驛程後記二卷
　　隴蜀餘聞一卷
　　長白山錄一卷補遺一卷
　　古懽錄八卷
　　居易錄三十四卷
　　浯溪考二卷
　　載書圖詩一卷
　　香祖筆記十二卷
　　古夫于亭雜錄五卷
　　分甘餘話四卷
　　漁洋詩話三卷
　　阮亭選古詩五言詩十七卷七言詩十五卷
　　唐賢三昧集三卷
　　十種唐詩選十七卷
　　蕭亭詩選六卷　清張實居撰　清王士禛輯
　　徐詩二卷　清徐夜撰　清王士禛輯
　　考功集選四卷　清王士祿撰　清王士禛輯
　　古鉢集選一卷　清王士祜撰　清王士禛輯

二家詩選　清王士禛編
　　迪功集選一卷　明徐禎卿撰
　　蘇門集選一卷　明高叔嗣撰
　　華泉先生集選四卷　明邊貢撰　清王士禛輯
　　睡足軒詩選一卷　明邊習撰　清王士禛、徐夜輯
　　抱山集選一卷　清王士禧撰　清王士禛輯
　　唐人萬首絕句選七卷
　　歷什錄一卷　清王之垣撰
　　隴首集一卷　清王與胤撰
　　清寤齋心賞編一卷　明王象晉撰
　　剪桐載筆一卷　明王象晉撰
　行款、尺寸不一
浙圖　嘉圖＊　諸暨圖＊　天一閣＊

叢 0150

毛穉黃先生書十二種三十五卷
　清錢塘毛先舒撰
　清康熙（1662—1722）崇道堂刻本
　　思古堂集四卷首一卷
　　匡林二卷首一卷
　　潠書八卷首一卷附刻一卷
　　聖學真語二卷首一卷
　　格物問答三卷首一卷
　　東苑文鈔二卷
　　東苑詩鈔一卷
　　蕊雲集一卷
　　詩辯坻四卷
　　韻學通指一卷
　　韻白一卷
　行款、尺寸不一
浙圖

叢 0151

鈍翁全集一百三十七卷
　清汪琬撰
　清康熙（1662—1722）刻乾隆三十六年
　　（1771）重修本
　　鈍翁前後類稾七十四卷
　　　詩稾十二卷文稾三十八卷
　　　外稾十二卷

古今五服考異八卷
東都事略跋三卷
歸詩考異一卷
鈍翁續稾五十六卷
詩稾八卷文稾二十二卷
別稾二十六卷
擬明史列傳二十四卷
蘇州汪氏族譜一卷
先府君事略一卷
附
寸碧堂詩集二卷外集一卷　明汪膺撰
汪伯子簹菴遺稾一卷　清汪筠撰
姑蘇楊柳枝詞一卷補一卷補注一卷　清周
枝棩輯　清周靖箋注
十行十九字　四周單邊　黑口
18.6×13.7釐米
寧圖　上虞圖

叢0152
安溪李文貞公解義三種四卷
清李光地撰
清康熙五十八年(1719)清謹軒刻本
離騷經一卷附九歌一卷
參同契一卷
陰符經一卷
十一行二十字　四周單邊　白口
17.3×13.4釐米
浙圖

叢0153
安溪李文貞公解義三種四卷
清李光地撰
清康熙(1662—1722)居業堂刻本
十一行二十字　四周單邊　白口
12.2×13.4釐米
浙圖　天一閣

叢0154
李文貞公全集一百五十九卷
清李光地撰

清乾隆元年(1736)李清植刻本
存十三卷
朱子禮纂五卷
二程子遺書纂二卷外書纂一卷
朱子語類四纂五卷
八至九行二十字　左右雙邊　白口
17.8×12.7釐米
溫圖

叢0155
悔齋集十九卷
清汪楫撰
清康熙至雍正(1662—1735)刻本
存十六卷
悔齋詩六卷
山聞詩續集一卷
京華詩一卷
觀海集一卷
中山詩文一卷
使琉球雜錄五卷
冊封琉球疏鈔一卷
八行十九字　左右雙邊　白口
浙圖*　嘉圖*

叢0156
西堂全集一百三十九卷
清尤侗撰
清康熙(1662—1722)刻本
西堂文集二十四卷
西堂雜俎一集八卷
西堂雜俎二集八卷
西堂雜俎三集八卷
西堂詩集三十卷
西堂剩稾二卷
西堂秋夢錄一卷
西堂小草一卷
論語詩一卷
右北平集一卷
看雲草堂集八卷
述祖詩一卷
于京集五卷
哀絃集二卷

擬明史樂府一卷

外國竹枝詞一卷

百末詞五卷詞餘一卷

西堂樂府七卷

讀離騷一卷

吊琵琶一卷

桃花源一卷

黑白衛一卷

李白登科記一卷

鈞天樂二卷

西堂餘集七十二卷

年譜圖詩一卷

小影圖贊一卷

年譜二卷

性理吟一卷後吟一卷

續論語詩一卷

艮齋倦稾詩集十一卷文集十五卷

艮齋雜説十卷

看鑑偶評五卷

明史擬稾六卷

外國傳八卷

藝文志五卷

宮閨小名錄五卷

附

湘中草六卷　清湯傳楹撰

十行二十一字　四周單邊　黑口

17.7×13.8釐米

浙圖　寧圖＊　溫圖　平湖圖＊　諸暨圖＊　天
一閣＊　浙大＊

叢0157

西河合集四百九十六卷

清蕭山毛奇齡撰

清康熙（1662—1722）書留草堂刻本

經集

首一卷

仲氏易三十卷

推易始末四卷

河圖洛書原舛編一卷

太極圖説遺議一卷

易小帖五卷

易韻四卷

古文尚書冤詞八卷

尚書廣聽錄五卷

舜典補亡一卷

國風省篇一卷

毛詩寫官記四卷

詩札二卷

詩傳詩説駁議五卷

白鷺洲主客説詩一卷

續詩傳鳥名三卷

昏禮辨正一卷

廟制折衷二卷

大小宗通繹一卷

北郊配位尊西向議一卷

辨定嘉靖大禮議二卷

辨定祭禮通俗譜五卷

喪禮吾説篇十卷

曾子問講錄四卷

春秋毛氏傳三十六卷

春秋屬辭比事記四卷

春秋條貫篇十一卷

春秋占筮書三卷

春秋簡書刊誤二卷

四書索解四卷　清王錫輯

論語稽求篇七卷

大學證文四卷

大學知本圖説一卷

中庸説五卷

四書賸言四卷

四書賸言補二卷

聖門釋非錄五卷

逸講箋三卷

聖論樂本解説二卷

竟山樂錄四卷

皇言定聲錄八卷

李氏學樂錄二卷　清李塨撰

孝經問一卷

周禮問二卷

大學問一卷

明堂問一卷

學校問一卷

郊社禘祫問一卷

經問十八卷

經問補三卷

文集

    文例一卷

    誥詞一卷

    頌一卷

    主客辭二卷

    奏疏一卷

    議四卷

    揭子一卷

    史館劄子二卷

    史館擬判一卷

    書八卷

    牘一卷

    箋一卷

    序三十四卷

    引弁首一卷

    題題詞題端一卷

    跋一卷

    書後緣起一卷

    碑記十一卷

    傳十一卷

    王文成傳本二卷

    墓碑銘二卷

    墓表五卷

    墓誌銘十六卷

    神道碑銘二卷

    塔誌銘二卷

    事狀四卷

    易齋馮公年譜一卷

    記事一卷

    説一卷

    錄一卷

    制科雜錄一卷

    後觀石錄一卷

    越語肯綮錄一卷

    何御史孝子祠主復位錄一卷

    湘湖水利志三卷

    蕭山縣志刊誤三卷

    杭志三誥三誤辨一卷

    天問補註一卷

    館課擬文一卷

    折客辨學文一卷

    答三辨文一卷

    釋二辨文一卷

    辨聖學非道學文一卷

    辨忠臣不徒死文一卷

    古禮今律無繼嗣文一卷

    古今無慶生日文一卷

    禁室女守志殉死文一卷

    勝朝彤史拾遺記六卷

    武宗外紀一卷

    後鑑錄七卷

    蠻司合誌十五卷

    韻學要旨十一卷

    賦四卷

    九懷詞一卷

    誄文一卷

    詩話八卷

    詞話二卷

    填詞六卷

    擬連廂詞一卷

    二韻詩三卷

    七言絕句八卷

    排律六卷

    七言古詩十三卷

    五言律詩六卷

    七言律詩十卷

    七言排律一卷

    五言格詩五卷

    雜體詩一卷

    徐都講詩一卷　清上虞徐昭華撰

十行二十字　小字雙行　四周單邊　白口

19.7×14.3釐米

浙圖　溫圖　玉海樓

叢 0158

西河合集四百九十六卷

    清蕭山毛奇齡撰

    清康熙（1662—1722）書留草堂刻乾隆三

    十五年（1770）陸體元重修嘉慶元年

    （1796）陸氏重印本

上虞圖

叢 0159

雙溪集三十六卷

    清張英撰

    清康熙四十三年（1704）刻本

自著叢書

存誠堂詩集二十五卷

存誠堂應制詩五卷

易經衷論二卷

書經衷論四卷

十行十九字　左右雙邊　黑口

18.2×13.9 釐米

浙圖

叢 0160

陳雲十雜著二十一卷

清錢塘陸次雲撰

清康熙二十三年(1684)刻本

八紘譯史十三卷

譯史四卷

八紘荒史一卷

峒谿纖志三卷

纖志志餘一卷

譯史紀餘四卷

澄江集一卷

北墅緒言五卷

玉山詞一卷

湖壖雜記一卷

九行十九字　四周單邊　白口

18.7×13.8 釐米

浙圖

叢 0161

陳滄州十種□□卷

清陳鵬年撰

清康熙三十七年(1698)刻本

存八種二十九卷

水東集三卷

武夷集二卷

蒿廬集三卷

喝月詞五卷

浮石集七卷

耦耕集五卷

于山集二卷

香山集二卷

十一行二十字　四周單邊　黑口

27.6×13 釐米

浙圖

叢 0162

楊氏全書三十六卷

清楊名時撰

清乾隆五十九年(1794)葉廷甲水心草堂

刻本

易經劄記三卷

詩經劄記一卷

四書劄記四卷

經書言學指要一卷

大學講義二卷

中庸講義一卷

程功錄四卷

文集十二卷別集六卷附錄二卷

十行二十一字　小字雙行　左右雙邊　白口

18×13.2 釐米

浙圖　溫圖

叢 0163

朱文端公藏書一百八十三卷

清朱軾撰並輯

清康熙五十七年至乾隆二年(1718—

1737)朱衡等刻本

周易傳義合訂十二卷

春秋鈔十卷首一卷　乾隆元年(1736)刻

孝經一卷　元吳澄校定　清朱軾按

附

孝經三本管窺三卷　清吳隆元撰

儀禮節略十七卷圖三卷

大戴禮記十三卷　漢戴德撰　北周盧辯注

清朱軾句讀　康熙五十七年(1718)自修

齋刻

禮記纂言三十六卷　元吳澄撰　清朱軾校

補

呂氏四禮翼四卷　明呂坤撰　清朱軾評點

張子全書十五卷　宋張載撰　清朱軾、段志

熙校

西銘一卷　宋朱熹注

正蒙二卷　宋朱熹注

經學理窟五卷

易說三卷

語錄抄一卷

文集抄一卷

拾遺一卷

　附錄一卷

　顏氏家訓二卷　北齊顏之推撰　清朱軾評
　點

　家範十卷　宋司馬光撰　清朱軾評點

　歷代名儒傳八卷　清朱軾、蔡世遠輯

　歷代名臣傳三十五卷續編五卷　清朱軾、蔡
　世遠輯

　歷代循吏傳八卷　清朱軾、蔡世遠輯

行字數不一　四周單邊　白口

20.8×14.8釐米

浙圖

叢0164

徐位山六種八十六卷

清徐文靖撰

清雍正至乾隆(1723—1795)志寧堂刻本

　天下山河兩戒考十四卷圖一卷　雍正元年
　(1723)刻

　竹書紀年統箋十二卷前編一卷雜述一卷
　乾隆十五年(1750)崔萬烜刻

　經言拾遺十四卷　乾隆二十年(1755)毛大
　鵬刻

　禹貢會箋十二卷圖一卷　乾隆十八年
　(1753)趙弁刻

　管城碩記三十卷　乾隆九年(1744)毛大鵬
　刻

　志寧堂稿不分卷　清徐育楅注

九行二十字　左右雙邊或四周雙邊　白口

19.8×13.4釐米

浙圖*(後印本)　上虞圖

叢0165

抗希堂十六種□□卷

清方苞撰

清康熙至嘉慶(1662—1820)桐城方氏抗
希堂刻本

存十五種一百三十九卷

　周官集注十二卷

　周官析疑三十六卷　缺五卷　一至五

　考工記析疑四卷

　周官辨一卷

　離騷經正義一卷

　春秋直解十二卷

　春秋通論四卷

　春秋比事目錄四卷

　禮記析疑四十八卷

　儀禮析疑十七卷

　喪禮或問一卷

　左傳義法舉要一卷　清方苞述　清王兆符、
　程崟錄

　史記注補正一卷

　刪定管子一卷　清方苞刪定

　刪定荀子一卷　清方苞刪定

九行十九字　左右雙邊　白口

20.6×14.7釐米

浙圖*　寧圖*

叢0166

李氏成書四十四卷

清李文炤撰

清四爲堂刻本

存二十四卷

　周禮集傳六卷首一卷

　春秋集傳十卷首一卷

　家禮拾遺五卷附錄一卷

九行十七字至十八字　左右雙邊或四周單邊
黑口

18.4×13.1釐米

嘉圖

叢0167

文道十書十二卷

清陳景雲撰

清乾隆十九年(1754)陳黃中樸茂齋刻本

　綱目訂誤四卷

　紀元要略二卷　補輯一卷　清陳黃中輯

　通鑑胡注舉正一卷

　韓集點勘四卷

十行二十字　左右雙邊　白口

18.7×14.3釐米

浙圖

叢 0168

陳司業集十一卷

　清陳祖範撰

　清乾隆二十九年(1764)日華堂刻本

存八卷

　　文集四卷

　　詩集四卷

　　十行二十三字　　四周雙邊　　白口

　　20.1×13.6 釐米

浙圖

叢 0169

鹿洲全集四十三卷

　清藍鼎元撰

　清雍正(1723—1735)刻本

　　鹿洲初集二十卷　清曠敏本評

　　平臺紀略一卷　清王者輔評

　　東征集六卷　清王者輔評

　　鹿洲公案二卷　清曠敏本評

　　修史試筆二卷

　　棉陽學準五卷

　　女學六卷

　　鹿洲奏疏一卷

　　九行十七字或二十字　　左右雙邊　　白口

　　尺寸不一

浙圖　溫圖＊　嘉圖＊

叢 0170

晴川八識四十五卷

　清仁和孫之騄撰

　清乾隆(1736—1795)刻本

　　尚書大傳三卷補遺一卷

　　考定竹書十三卷

　　二申野錄八卷

　　枝語二卷

　　南漳子二卷

　　樊紹述集注二卷　唐樊紹述撰　清仁和孫

　　　之騄注

　　玉川子詩注五卷　唐盧全撰　清仁和孫

　　　之騄注

　　晴川蟹錄四卷後錄四卷續錄一卷

　　十行二十字　　左右雙邊　　黑口

　　19×14.2 釐米

浙圖　溫圖

叢 0171

楚蒙山房集五十四卷

　清晏斯盛撰

　清乾隆(1736—1795)晏氏刻本

存三十七卷

　　　楚蒙山房詩五卷　存二卷　一至二

　　　楚蒙山房文集二十卷

　　　　楚蒙山房奏疏五卷

　　　　江北水利書二卷

　　　　策問一卷

　　　　書三卷

　　　　條教一卷

　　　　楚蒙山房禹貢解八卷

　　　學易初津二卷

　　　易翼宗六卷　缺一卷　一

　　　易翼説八卷

　　九行十九字　　四周雙邊　　黑口

　　17×13.5 釐米

餘杭圖

叢 0172

介石堂集二十六卷

　清郭起元撰

　清乾隆十九年(1754)刻本

　　　介石堂水鑑六卷

　　　介石堂詩集十卷

　　　介石堂文集十卷

　　九行十九字　　左右雙邊　　白口

　　17.5×12.9 釐米

浙圖

叢 0173

杭大宗七種叢書十八卷

　清仁和杭世駿撰

　清乾隆(1736—1795)刻本

　　　諸史然疑一卷

　　　漢書蒙拾三卷後漢書蒙拾二卷

石經考異二卷

續方言二卷

晉書補傳贊一卷

文選課虛四卷

榕城詩話三卷

十行二十一字　四周單邊　白口

16.8×13.6 釐米

浙圖

叢 0174

果堂全集十九卷

清沈彤撰

清乾隆(1736—1795)沈氏果堂刻本

果堂集十二卷

周官祿田考三卷　乾隆十六年(1751)刻

尚書小疏一卷

儀禮小疏一卷

儀禮鄭注監本刊誤一卷

春秋左傳小疏一卷

九行或十一行二十一字　四周雙邊　白口

18.8×14 釐米

浙圖　溫圖*

叢 0175

岣嶁叢書二十三卷

清曠敏本撰

清乾隆(1736—1795)曠氏刻本

岣嶁刪除文草一卷

岣嶁刪除詩草一卷

岣嶁文草雜著一卷

岣嶁韻語八卷

岣嶁仿古一卷

岣嶁韻篆五卷

岣嶁時藝一卷

岣嶁鑑撮四卷

聲韻訂訛一卷

十行字數不一　四周單邊或雙邊　黑口

18.1×12.4 釐米

浙圖

叢 0176

古愚老人消夏錄六十六卷

清汪汲撰

清乾隆至嘉慶(1736—1820)汪氏古愚山

房刻本

事物原會四十卷

十三經紀字一卷

字典紀字一卷

韻府紀字一卷

壘字編一卷

詞名集解六卷續編二卷

宋樂類編二卷

南北詞名宮調彙錄二卷院本名目一卷

琴曲萃覽一卷

樂府標源二卷

樂府遺聲一卷

漱經齋座右銘類編一卷續編一卷　乾隆五

十九年(1794)刻

解毒編一卷

怪疾奇方一卷　嘉慶六年(1801)刻

彙集經驗方一卷

行款、尺寸不一

浙圖　溫圖

叢 0177

西澗草堂全集十四卷

清閻循觀撰

清乾隆三十八年(1773)樹滋堂刻本

尚書讀記一卷

春秋一得一卷

困勉齋私記四卷

西澗草堂集四卷詩集四卷

十行二十一字　四周單邊　黑口

20.4×15.3 釐米

浙圖

叢 0178

清獻堂全編五十五卷

清仁和趙佑撰

清乾隆五十二年(1787)刻本

存三十五卷

尚書質疑二卷

尚書異讀考六卷

讀春秋存稿四卷

詩細十卷首一卷續一卷

四書溫故錄十一卷

　九行二十字　左右雙邊　白口

　18.5×12.7 釐米

浙圖

叢 0179

甌北全集一百七十七卷

清趙翼撰

清乾隆至嘉慶(1736—1820)趙氏湛貽堂刻本

　年譜一卷

　陔餘叢考四十三卷　乾隆五十五年(1790)刻

　甌北詩抄二十卷　乾隆五十六年(1791)刻

　皇朝武功紀盛四卷　乾隆五十七年(1792)刻

　廿二史劄記三十六卷補遺一卷　嘉慶五年(1800)刻

　甌北詩話十卷續二卷　嘉慶七年(1802)刻

　簷曝雜記七卷

　甌北集五十三卷　嘉慶十七年(1812)刻

　十一行二十一字　左右雙邊　白口

　17.9×14 釐米

浙圖

叢 0180

周松靄先生遺書二十九卷

清海寧周春撰

清乾隆至嘉慶(1736—1820)刻本

　十三經音略十二卷

　小學餘論二卷

　中文孝經一卷外傳一卷

　代北姓譜二卷

　遼金元姓譜一卷

　杜詩雙聲疊韻譜括略八卷

　選材錄一卷

　遼詩話一卷

　十行二十二字　左右雙邊　白口

　19.8×13.9 釐米

浙圖

叢 0181

潛研堂全書二百五十四卷

清錢大昕撰

清乾隆至嘉慶(1736—1820)刻本

　史

　　廿二史攷異一百卷　乾隆四十五年(1780)刻

　　通鑑注辨正二卷　乾隆五十七年(1792)戈宙襄刻

　　洪文惠公年譜一卷　嘉慶八年(1803)李賡芸刻

　　洪文敏公年譜一卷　嘉慶八年(1803)李賡芸刻

　　陸放翁先生年譜一卷　嘉慶八年(1803)李賡芸刻

　　潛研堂金石文跋尾六卷續七卷又續六卷三續六卷　嘉慶十年(1805)瞿中溶等刻

　　潛研堂金石文字目錄八卷　嘉慶十年(1805)瞿中溶等刻

　　元史氏族表四卷　嘉慶十一年(1806)李賡芸刻

　　三史拾遺五卷　嘉慶十二年(1807)李賡芸刻

　　諸史拾遺四卷　嘉慶十二年(1807)李賡芸刻

　　元史藝文志四卷

　　深寧先生年譜一卷　嘉慶十二年(1807)李賡芸刻

　　弇州山人年譜一卷　嘉慶十二年(1807)李賡芸刻

　子

　　三統術衍三卷鈐一卷　嘉慶六年(1801)阮元刻

　　十駕齋養新錄二十卷　嘉慶十年(1805)阮元刻

　　十駕齋養新餘錄三卷　清錢師康輯　嘉慶十一年(1806)錢東塾刻

集

　　潛研堂文集五十卷詩集十卷詩續集十卷

　　嘉慶十一年（1806）黃鐘刻

十行二十一字　四周雙邊　白口

18.3×13.5 釐米

浙圖

叢0182

惜抱軒全集八十八卷

清姚鼐撰

清嘉慶元年至道光元年（1796—1821）刻
本　清瑞安孫衣言校並跋

存七十卷

　　惜抱軒文集十六卷文後集十卷詩集十卷詩
　　　後集一卷詩外集一卷

　　惜抱軒法帖題跋三卷

　　左傳補注一卷

　　國語補注一卷

　　公羊傳補注一卷

　　穀梁傳補注一卷

　　惜抱軒筆記八卷

　　惜抱軒九經説十七卷

行款不一

18×13.1 釐米

浙大

叢0183

經韻樓叢書一百十二卷

清段玉裁撰

清乾隆至道光（1736—1850）段氏刻本

　　聲韻考四卷　乾隆四十一年（1776）刻

　　戴東原集十二卷　清戴震撰　覆校札記一
　　　卷　清段玉裁撰　乾隆五十七年（1792）
　　　經韻樓刻

　　附

　　戴東原先生年譜一卷　清段玉裁撰

　　儀禮漢讀考一卷

　　古文尚書撰異三十二卷

　　周禮漢讀考六卷　嘉慶三年（1798）經韻樓
　　　刻

　　毛詩故訓傳定本小箋三十卷　嘉慶二十一
　　　年（1816）七葉衍祥堂刻

　　經韻樓集十二卷　道光元年（1821）七葉衍
　　　祥堂刻

　　春秋左氏古經十二卷五十凡一卷　道光元
　　　年（1821）經韻樓刻

十行二十一字　左右雙邊　白口

17.2×13.9 釐米

浙圖

叢0184

燕禧堂五種十五卷

清任大椿撰

清乾隆（1736—1795）刻本

　　字林考逸八卷　清任大椿輯

　　深衣釋例三卷

　　列子釋文二卷　唐殷敬順撰　宋陳景元補
　　　遺

　　列子釋文考異一卷

　　釋繒一卷

九行二十字　左右雙邊　白口

19.7×14.4 釐米

溫圖

叢0185

雙節堂全集□□□卷

清蕭山汪輝祖撰

清乾隆五十四年（1789）刻本

存

　　史姓韻編六十四卷

　　九史姓名略七十二卷　存二十卷　一至二
　　　十

　　三史同名錄四十卷

　　元史本證五十卷　存□□卷

　　雙節堂贈言集二十八卷續集二十二卷三集
　　　十四卷

　　雙節堂雜錄十四卷

八行二十四字　四周單邊　黑口

19×13.3 釐米

寧圖

叢0186

心齋十種二十二卷

清任兆麟撰

清乾隆五十年至五十三年（1785—1788）

任氏忠敏家塾刻本

壽者傳三卷　明陳懋仁撰　清任兆麟訂

夏小正補註四卷

石鼓文集釋一卷　同川書院刻

尸子三卷　周尸佼撰　附錄一卷　清惠棟
輯　清任兆麟補遺

四民月令一卷　漢崔寔撰　清任兆麟輯

襄陽耆舊記三卷　晉習鑿齒撰　清任兆麟
訂

文章始一卷　梁任昉撰　清任兆麟校

孟子時事略一卷

心齋集二卷

附

弦哥古樂譜一卷　清任文田撰

綱目通論一卷

九行至十行十七至十九字　左右雙邊　白口
17.5×13 釐米

浙圖　溫圖

叢0187

章氏遺書二十四卷

清会稽章學誠撰

清徐氏鑄學齋抄本

文史通義內篇一卷

文史通義外篇三卷

校讎通義外篇一卷

方志略例一卷

文集七卷

湖北通志檢存稿四卷

外集二卷

湖北通志未成稿一卷

劄記四卷

浙圖

叢0188

北江全集一百四十一卷

清洪亮吉撰

清乾隆四十六年至嘉慶八年（1781—
1803）刻本

年譜一卷　清呂培等撰

卷施閣文甲集十卷乙集八卷　乾隆六十年

（1795）貴陽節署刻

卷施閣詩集二十卷

附

鮚軒詩八卷　乾隆六十年（1795）貴陽節
署刻

漢魏音四卷　乾隆五十年（1785）西安刻

補三國疆域志二卷　乾隆四十六年（1781）
西安刻

東晉疆域志四卷　嘉慶元年（1796）京師
刻

乾隆府廳州縣圖志五十卷　乾隆五十三年
至嘉慶八年（1788—1803）刻

十六國疆域志十六卷　嘉慶三年（1798）京
師刻

更生齋文甲集四卷乙集四卷詩八卷詩餘二
卷　嘉慶七年（1802）洋川書院刻

行款、尺寸不一

浙圖*　上虞圖

叢0189

古香堂叢書三十一卷

清王初桐撰

清乾隆五十八年至嘉慶十二年（1793—
1807）刻本

詩

白門集二卷

金臺集一卷

海右集四卷

濟南竹枝詞一卷

百花吟一卷

十二河山集二卷

詞

杯湖欸乃三卷

杏花村琴趣一卷

雜著

魯齊韓詩譜四卷

北游日記四卷

柳絮集一卷　清李湘芝撰　附錄一卷
清王初桐撰

選聲集二卷　清王初桐撰　附錄一卷
清王大晉、王思永撰

小嫏嬛詞話三卷

十行二十字　左右雙邊　黑口

15.6×13.1釐米

嘉圖

叢0190

五千卷書室叢著九卷

清山陰陶思曾撰

稿本　清阮元批注

　　五千卷書室文稿四卷

　　詩考考一卷

　　書疑疑一卷

　　春秋左傳鄭賈服注參考一卷總錄一卷

　　論語鄭注一卷

浙圖

叢0191

神羊遺著十一卷

清海寧張豸冠撰

清刻本

　　景獻初編一卷

　　讀書偶識九卷

　　　讀尚書蔡傳一卷

　　　讀周易本義一卷

　　　讀周官一卷

　　　讀考工記一卷

　　　閱渭上南氏綱目前編一卷

　　　讀國語一卷

　　　讀大戴禮一卷

　　　讀爾雅注疏一卷

　　　讀孝經注疏一卷

　　算術隨錄一卷

十行二十四字　左右雙邊　白口

20.8×13.9釐米

溫圖

叢0192

石經閣集二十六卷

清嘉興馮登府撰

清道光十一年至十七年(1831—1837)刻本

　　石經閣初集四卷

　　石經閣文集八卷

　　月湖秋瑟二卷

　　花塾琴雅二卷

　　浙江磚錄四卷

　　拜竹詩堪詩存六卷

十一行二十三字　左右雙邊　黑口

溫圖

叢0193

四錄堂類集四十一卷

清烏程嚴可均撰

清嘉慶至道光(1796—1850)刻本

存十七卷

　　說文校議十五卷　清歸安姚文田、烏程嚴可
　　　均撰　嘉慶二十三年(1818)孫氏冶城山
　　　館刻本

　　說文聲類二卷　嘉慶(1796—1820)刻本

十一行字數不一　小字雙行三十二字　左右雙
　　邊　黑口

19.9×15釐米

浙圖

叢0194

袖海樓雜著十二卷

清黃汝成撰

清道光十八年(1838)黃氏西谿草廬刻本

　　袖海樓文錄六卷

　　古今歲實考校補一卷

　　古今朔實考校補一卷

　　日知錄栞誤合刻四卷

十行二十一字　四周雙邊　白口

溫圖

叢0195

藤溪叢書□□卷

清海昌朱濂撰

稿本

存二十五卷

　　時令考略四卷

　　四令花考二卷

　　器用紀略七卷

151

菓譜廣編二卷

年號官制紀略一卷

禽經補錄二卷

茶譜二卷

獸經補錄二卷

百籟考略□卷　存酒一卷

候蟲誌略二卷

浙圖

叢 0196

一經廬叢書二十三卷

清姚配中撰

清道光(1821—1850)姚氏一經廬木活字
本

存二十卷

周易姚氏學十六卷

琴學二卷

書學拾遺一卷

一經廬文鈔一卷

溫圖

叢 0197

葤園叢書□集□卷

清山陰平步青撰

稿本

存乙集三卷

召試博學鴻儒考略一卷

召試博學鴻詞考略一卷

薦舉經學考略一卷

浙圖

叢 0198

香雪崦叢書二十種總目一卷

清山陰平步青撰

清安越堂抄本

浙圖

叢 0199

姚海壽人叢著不分卷

清餘姚胡傑人撰

稿本

臕馥吟草

臕馥吟

臕馥續吟

臕馥吟續編

中興功臣詩

雜文

二老書畫鳳壽冊

大雅題襟

賽竹樓駢文

賽竹樓雜作

賽竹樓雜俎

浙圖

叢 0200

守閒齋公牘七卷

清崇德蔡錫崑撰

清光緒(1875—1908)稿本

文廟祀典一卷

台學須知一卷

學中事宜一卷

守閒齋手札一卷

守閒齋詩抄一卷

守閒齋隨筆一卷

臨海學須知一卷

浙圖

叢 0201

香嚴庵雜稿不分卷

嘉興金蓉鏡撰

稿本

香嚴庵筆記

香嚴雜抄

直廬私載

潛廬文集

法藏一勺錄

浙雅

書目

澱湖遺老集

書名編者擬

嘉圖

叢 0202

靜泊軒所著書五十三卷

清費維章撰

稿本

　　分界擬議九卷

　　吉禮擬制二十五卷

　　制度擬則四卷

　　喪服擬制一卷

　　家饗圖説一卷

　　古今禮詩二卷

　　紀年考正二卷

　　世系備考八卷

　　思餘雜錄一卷

浙圖

叢 0203

闇然書屋叢刊稿不分卷

稿本

存

　　舊學觀政記

　　墨中書寶

　　六蔽辨原策略

書名編者擬

浙圖